美 国 小 学 主 流 科 学 教 材

【美】杰伊·哈克特 等 著
张 俊 邓小耶 等 译
郝京华 审定

力和能量 3

Forces and Energy

浙江教育出版社·杭州

本版特色

- 兼顾授受式学习内容和探究式调查活动。
- 采用5E（Engage参与，Explore探究，Explain解释，Extend/Elaborate拓展，Evaluate评估）研究型教学模式。
- 增加工程和设计版块。
- 培养21世纪技能，如创新创造能力、协作能力、沟通能力、批判性思维与解决问题的能力等。
- 用个性化的生动图像激发学生的学习兴趣。
- 根据知识深度等级体系（Depth of Knowledge，简称DOK）设计评价和测试。

注：原版书中，A单元、B单元表示该内容属于生命科学领域，C单元、D单元表示该内容属于地球与空间科学领域，E单元、F单元表示该内容属于物质科学领域。中文版对此予以保留。

Program Authors

Dr. Jay K. Hackett
Professor Emeritus of Earth Sciences
University of Northern Colorado
Greeley, CO

Dr. Richard H. Moyer
Professor of Science Education and Natural Sciences
University of Michigan-Dearborn
Dearborn, MI

Dr. JoAnne Vasquez
Elementary Science Education Consultant
NSTA Past President
Member, National Science Board and NASA Education Board

Mulugheta Teferi, M.A.
Principal, Gateway Middle School
Center of Math, Science, and Technology
St. Louis Public Schools
St. Louis, MO

Dinah Zike, M.Ed.
Dinah Might Adventures LP
San Antonio, TX

Kathryn LeRoy, M.S.
Chief Officer
Curriculum Services
Duval County Schools, FL

Dr. Dorothy J. T. Terman
Science Curriculum Development Consultant
Former K-12 Science and Mathematics Coordinator
Irvine Unified School District, CA
Irvine, CA

Dr. Gerald F. Wheeler
Executive Director
National Science Teachers Association

Bank Street College of Education
New York, NY

Contributing Authors

Dr. Sally Ride
Sally Ride Science
San Diego, CA

Lucille Villegas Barrera, M.Ed.
Elementary Science Supervisor
Houston Independent School District
Houston, TX

American Museum of Natural History
New York, NY

Contributing Writer

Ellen C. Grace, M.S.
Consultant
Albuquerque, NM

RFB&D learning through listening

Students with print disabilities may be eligible to obtain an accessible, audio version of the pupil edition of this textbook.
Please call Recording for the Blind & Dyslexic at 1-800-221-4792 for complete information.

connectED.mcgraw-hill.com

STEM McGraw-Hill is committed to providing instructional materials in Science, Technology, Engineering, and Mathematics (STEM) that give all students a solid foundation, one that prepares them for college and careers in the 21st century.

Send all inquiries to:
McGraw-Hill Education
8787 Orion Place
Columbus, OH 43240

ISBN: 978-0-02-135613-3
MHID: 0-02-135613-0

Printed in the United States of America.

5 6 7 8 9 10 11 12 QVS 25 24 23 22 21 20 19 18

Content Consultants

Paul R. Haberstroh, Ph.D.
Mohave Community College
Lake Havasu City, AZ

Timothy Long
School of Earth and Atmospheric Sciences
Georgia Institute of Technology
Atlanta, GA

Rick MacPherson, Ph.D.
Program Director
The Coral Reef Alliance
San Francisco, CA

Hector Córdova Mireles, Ph.D.
Physics Department
California State Polytechnic University
Pomona, CA

Charlotte A. Otto, Ph.D.
Department of Natural Sciences
University of Michigan-Dearborn
Dearborn, MI

Paul Zitzewitz, Ph.D.
Department of Natural Sciences
University of Michigan-Dearborn
Dearborn, MI

Editorial Advisory

Deborah T. Boros, M.A.
President, Society of Elementary Presidential Awardees
Second-Grade Teacher
Mississippi Elementary
Coon Rapids, MN

Lorraine Conrad
K-12 Coordinator of Science
Richland County School District #2
Columbia, SC

Kitty Farnell
Science/Health/PE Coordinator
School District 5 of Lexington and Richland Counties
Ballentine, SC

Kathy Grimes, Ph.D.
Science Specialist
Las Vegas, NV

Richard Hogen
Fourth-Grade Teacher
Rudy Bologna Elementary School
Chandler, AZ

Kathy Horstmeyer
Educational Consultant
Past President, Society of Presidential Awardees
Past Preschool/Elementary NSTA Director
Carefree, AZ and Chester, CT

Jean Kugler
Gaywood Elementary School
Prince Georges County Public Schools
Lanham, MD

Bill Metz, Ph.D.
Science Education Consultant
Fort Washington, PA

Karen Stratton
Science Coordinator K-12
Lexington District One
Lexington, SC

Emma Walton, Ph.D.
Science Education Consultant
NSTA Past President
Anchorage, AK

Debbie Wickerham
Teacher
Findlay City Schools
Findlay, OH

The American Museum of Natural History in New York City is one of the world's preeminent scientific, educational, and cultural institutions, with a global mission to explore and interpret human cultures and the natural world through scientific research, education, and exhibitions. Each year the Museum welcomes around 4 million visitors, including 500,000 schoolchildren in organized field trips. It provides professional development activities for thousands of teachers; hundreds of public programs that serve audiences ranging from preschoolers to seniors; and an array of learning and teaching resources for use in homes, schools, and community-based settings. Visit www.amnh.org for online resources.

译 序

一部好教材欲保持其生命力的重要举措就是要不断地与时俱进，要随着社会的变迁、学术的进步不断地吐故纳新。浙江教育出版社引进出版的《科学启蒙(第二版)》就是这样的一部好教材。

比较这套教材的两个版本，不难发现，第一版显然依据的是1996年美国颁布的科学教育标准。1996年的科学教育标准有三个重要特点：(1)明确科学教育的目标是培养所有学生的科学素养（美国曾经有过把培养科学家作为科学教育培养目标的历史）；(2)强调要把科学本身的实际做法，即科学探究也作为科学教育的内容；(3)将科学课程的内容按“生命科学、物质科学、地球与空间科学”三个领域加以划分。第一版的《科学启蒙》较好地落实了课程标准的这些理念。

第二版依据的是美国2013年颁布的《新一代科学教育标准（NGSS）》。和1996年课程标准相比，2013年的标准有三个显著变化。(1)将科学探究扩充为“科学与工程实践”，明显强化了运用科学概念解决实际问题能力的培养。(2)强调科学大概念。标准提出了判断大概念的4个原则：①具有学科的意义，具有跨越多个学科领域的广泛的重要性，或者是本学科中组织相关知识的关键概念；②具有解释力，能解释许多现象；③具有生成性，能为理解和探究更多的概念和解决问题提供关键的工具，与社会、家庭相关；④能从幼儿园到高中螺旋上升。(3)强调了学科间的融合，不仅是科学、技术、工程、数学的融合，还有科学、语文、数学的融合。

第二版的《科学启蒙》教材真的是在与时俱进。首先，它在继续强调科学探究的同时，大大强化了工程设计部分，不仅在各领域各章节中增加了运用相关知识解决实际问题的机会，还在“做一名科学家”版块增添了有关工程设计的“聚焦技能”。第二，在强调科学大概念方面，教材不仅在各章节都有科学大概念的明确标示，还在各章结尾之处增加了科学概念和技能的测评。第三，在学科融合方面，教材不仅强化了科学阅读（包括文和图）和科学写作的指导，还强化了数学意识和能力的培养。

《科学启蒙》这套教材还有一个突出的亮点就是它精彩的图片。大量有视觉冲击力的照片和灵动的排版为教材增色不少，让人爱不释手。

它山之石，可以攻玉。中国正在进行着课程改革，也正在努力地缩短与发达国家在教育上的差距，引进国外好的教材不失为一种有效的捷径。不同的群体都可以从《科学启蒙》这套教材中获益。它为教材编写者提供了一个如何将内容与活动结合的范例，它给予科学教师教学活动设计的启迪，它为语文老师提供了如何指导学生科学阅读和科学写作的策略，就连出版社也可以从中获得科学教材排版方面的启示。除此，作为一套学生的科学阅读的材料，它也是一个不错的选择。

只有站在巨人的肩膀上我们才可以实现弯道超车，才可以追赶上发达国家，才可以实现伟大的中国梦！国家如此，科学教育亦然，让我们共同努力！

小学科学课程标准研制组组长、修订组副组长
南京师范大学教科院教授 郝京华

物质科学

目 录

Contents

做一名科学家

F 单元　力和能量

第2章

探究活动

第1章　力和运动

第2章　能量的形式

扫一扫，码上获取
更多学习资源

做一名科学家

变色龙会通过改变体色来进行交流。

科学方法

看一看，想一想

马达加斯加岛位于非洲，是距离非洲大陆不远的一个热带岛屿。在马达加斯加岛上分布着地球上绝无仅有的动物和植物！住在热带岛屿上会是什么样的体验？你觉得你会在那儿发现什么呢？

探 索

关于生活在马达加斯加的动物，你知道些什么？

- 你会如何在自然栖息地里找动物？
- 你能在森林里找到什么动物？
- 生活在森林里的动物需要具备什么能力？
- 科学家是如何找到这些问题的答案的？

克里斯 · 瑞斯沃茨

波勒 · 拉扎菲

有两位科学家，克里斯 · 瑞斯沃茨和波勒 · 拉扎菲，主要研究生活在马达加斯加的动物。他们同时为纽约的美国自然历史博物馆和马达加斯加的塔那那利佛大学工作。

科学家做什么？

克里斯和波勒想在马达加斯加寻找一些生活在那里的令人惊奇的动物。马达加斯加的大部分地方从未被科学家探索过，近几年那里持续有新发现的动物物种。

科学方法是科学家调查世界时所使用的方法，科学家使用科学方法来寻找大自然问题的答案。

目前，克里斯和波勒在研究一种叫作大马达加斯加变色龙的蜥蜴。克里斯在森林里发现并研究这种变色龙，他想知道这种变色龙还在哪些地方生活。

科学方法是所有科学家在研究各类问题时都会运用的方法。但是，他们可能不会用到所有步骤，有时步骤的顺序也会不同。

克里斯知道，变量（如温度或降雨）会影响动物的生存。变量是一种可能会使研究结果发生改变的因素。因此，他根据之前所收集的信息做出了假设。假设是一种有待验证的说明，做出假设是为了得到问题的答案。

克里斯的假设是：如果一个地方的温度在 10 ～ 40℃，每年降水量在 500 ～ 1500 mm，那么大马达加斯加变色龙便可在那里生活。

做出假设

1. 提出多个“为什么”的问题。
2. 寻找重要变量之间的联系。
3. 尝试解释这些联系。

▶ 确保这些解释能够被验证。

▼大马达加斯加变色龙

科学家如何验证假设？

大马达加斯加变色龙大约有一根香蕉那么大，并不算小，但在茂密的森林中其实很难发现它们——它们实在太善于隐藏自己了。马达加斯加当地人说：“别浪费时间寻找变色龙了，你永远也找不到它们的。”

那么，克里斯和波勒应该去哪儿寻找变色龙呢？为了找到它们，他们研究了温度和降水量的相关数据。他们把数据输入电脑，绘制了一幅地图。电脑把所有可能出现变色龙的区域都标注成黄色，这些区域和已发现变色龙的区域的温度和降水量相似。克里斯预测，他们如果到这些区域去寻找，就很有可能找到大马达加斯加变色龙。

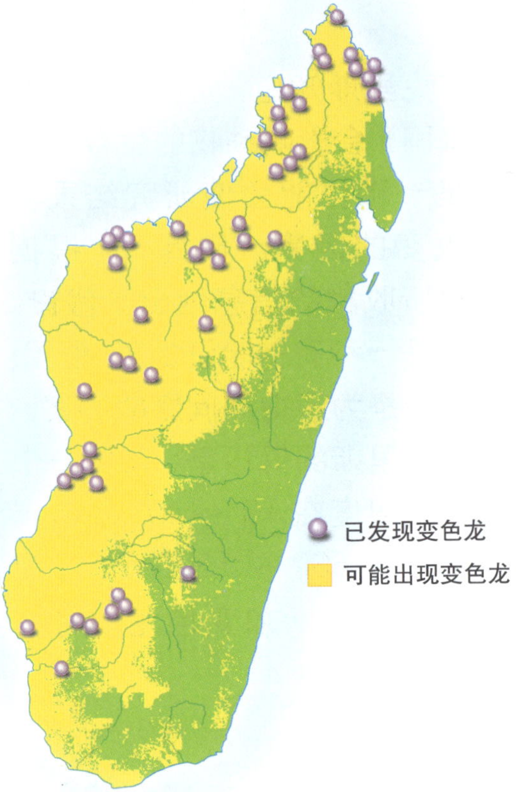

▲图上的紫色圆点是已发现大马达加斯加变色龙的地方。黄色区域是克里斯和波勒认为有可能找到这种变色龙的地方。

◀夜晚，克里斯会使用头灯来寻找变色龙。

克里斯和波勒选择到地图上的黄色区域寻找变色龙。他们在这些地方收集数据，想以此来验证他们的假设。他们采用的方法，其他科学家也可以使用，这样其他科学家也可以来验证克里斯和波勒的结果。

“我们使用头灯在夜晚寻找变色龙。夜晚它们会睡觉，这样更方便我们寻找。”克里斯解释道，“我们在树枝上寻找颜色较浅的逗号形状。”一旦克里斯和波勒找到了一只变色龙，他们会拍下照片并做好详细的笔记。他们在野外日记中记录准确的日期、时间和地点。

验证假设

1. 仔细思考不同的数据，确定哪些可以用来验证你提出的假设。
2. 选择最有效的方法搜集数据。
   - **实施实验**（在实验室里）
   - **观察真实环境**（在自然界）
   - **建立和使用模型**（在电脑上）
3. 制订实验计划，收集数据。

▶ **确保你的实验能被其他人重复。**

无论发现的是大马达加斯加变色龙还是其他种类的变色龙，克里斯和波勒都会认真记录下数据。

克里斯的野外日志

2018 年 4 月 9 日
安博伊波拉森林
日降雨量：15 mm。
温度：20 ~ 34℃。下午大雨。

这片落叶林有一些大树和砍伐后留下的树桩，森林边缘被烧毁了。森林中常有人在狩猎。森林中的小溪大多在冬季干涸。

分析数据

1. 把数据整理成概念图、表格、地图或组图等。
2. 寻找数据中的规律。这些规律能够显示假设中的重要变量如何相互影响。

▶ 将所得数据与其他来源的数据进行比较，以此来检查数据。

大马达加斯加变色龙
(*Furcifer oustaleti*)
上午10：45，在有少量树木的草地上找到的。同时发现的还有17枚蜥蜴蛋，蛋的大小约为14 mm×8 mm。

马达加斯加日壁虎
(*Phelsuma madagascariensis*)
上午11：30，在小溪边的树丛中发现的。

科学家是如何分析数据的？

在验证假设的过程中，重要的一环是从收集到的数据中寻找规律。克里斯和波勒对他们收集到的数据进行了研究，这些数据都是他们在寻找蜥蜴的过程中收集的。他们在地图上标注出6个新发现大马达加斯加变色龙的地方。接着，他们开始尝试从数据中寻找规律。

他们集中讨论新发现大马达加斯加变色龙区域的温度和降水量。

科学家是如何得出结论的?

克里斯和波勒在预测区域找到大马达加斯加变色龙了吗? 找到了! 结果支持了他们的假设。符合一定温度和降水量条件的地方,就可能会有大马达加斯加变色龙栖息。

克里斯和波勒发布了他们的研究结果,以便别人能够从中学习。了解变色龙的栖息地,有利于科学家保护它们的家园。“这有利于生物学家为马达加斯加制订生物保护计划。”波勒说道。

▼ 马岛缟狸

克里斯和波勒的结论又让他们想到了新的问题：还有哪些其他变量会影响大马达加斯加变色龙的生存呢？这几页中出现的动物都生活在马达加斯加。科学家也能按照同样的科学方法研究这些生物吗？在马达加斯加岛，哪里动植物最密集？新的问题能够引出新的假设，并激发人们对新事物的好奇。深入了解生活在马达加斯加的动物，人们就可以更好地制订计划来保护它们。

得出结论

1. 判断这些数据是否能够清楚地支持或反对假设。
2. 如果结论不明确，回想一下假设是如何被验证的，并制订一个新计划。
3. 写下结论，与他人分享。

▶ 一定要提出问题。

想一想，说一说，写一写

1. 为什么科学方法对科学家的研究有着举足轻重的作用？
2. 对于这些动物你还有什么问题？选择其中一种，并提出可被验证的假设吧。

▼ 千足虫

环尾狐猴 ▶

科学技能

海星

科学家在运用科学方法时，还用到了许多技能。通过使用这些技能，科学家可以更好地收集信息，回答他们对于周围世界的问题。以下是他们用到的一些技能。

观察 运用感官来了解事物或现象。

做出假设 做出能够回答某个问题的说明，这种说明能够被验证。

交流 和他人分享信息。

分类 根据事物的特点、种类或性质等进行分组。

运用数字 用排序，计数，加、减、乘、除等数学方法来解释数据。

制作模型 模型可以用来展示物体的外观或工作原理。

蜥蜴

金鱼

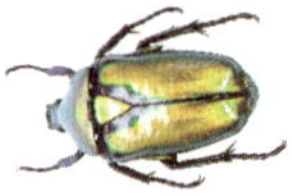
甲壳虫

动物	我观察到的

▲观察这两页的动物，并绘制表格交流你的观察结果。

刺猬

鹦鹉

蜻蜓

使用变量 分析出可以改变某个实验结果的条件。

解释数据 使用收集到的信息来回答或解决问题。

测量 弄清楚事物的大小、距离、体积、面积、质量、重量、温度等。

预测 预先推测事件或实验的可能结果。

推理 从事件或观察中形成一个想法。

实验 为验证假设而进行一些活动或操作。

探究技能培养

在本书的每一章中，你都会看到一个“聚焦技能”专栏。这个专栏会帮助你培养科学家所需要的技能。

蜗牛

动物幼崽

动物	动物幼崽的平均数量
甲壳虫	75
海星	2000000
蜥蜴	14
刺猬	4
羚羊	1

▲用这张表格推测动物的大小是如何影响动物幼崽的数量的。

羚羊

聚焦技能

科学和技术：设计过程

你发明过什么东西吗？如果有，你一定运用过**设计过程**！工程师利用设计过程来发明创造。

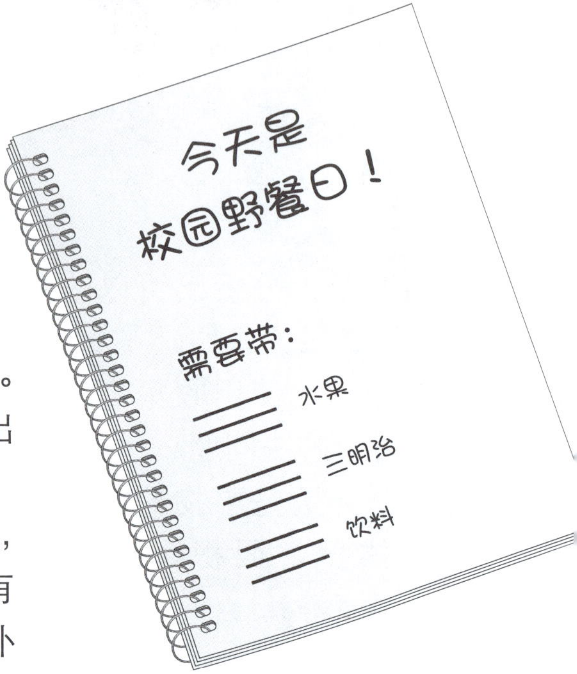

▶ 学习

你可能已经运用过**设计过程**了。你首先要确定一个问题，接着要想出几个可能的解决方案。

有时候，解决方案可能难以实施，它可能耗费太多或材料难以获得。有时候，解决方案可能会出现意料之外的麻烦。有时候，解决方案完全事与愿违。这也就是设计过程需要检验的原因。

▶ 尝试

丽丽做了一个指示牌来告诉大家有关学校野餐的事情。她把指示牌贴在户外，但是被风吹走了。

请帮助丽丽就如何不让指示牌被风吹走这个问题设计三个解决方案。阐述方案并作图。得到老师的认可后，开始检验你的设计。

▶ 应用

解释**设计过程**是如何改善你的生活、你家人的生活和你社区的生活的。

创意设计策略

弗兰德想更换他的自行车轮胎，却不小心将螺栓掉到了下水道里！现在，他无法换轮胎了，他要先找回螺栓。

确定问题

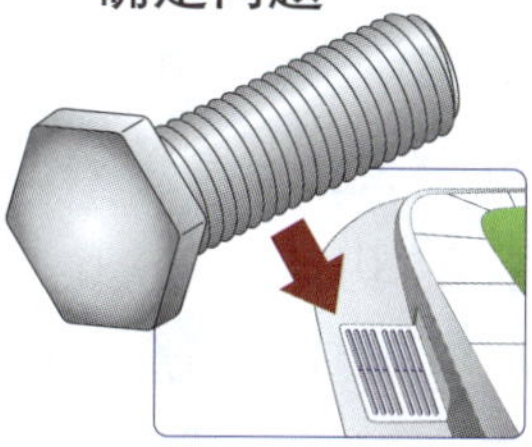

设计解决方案

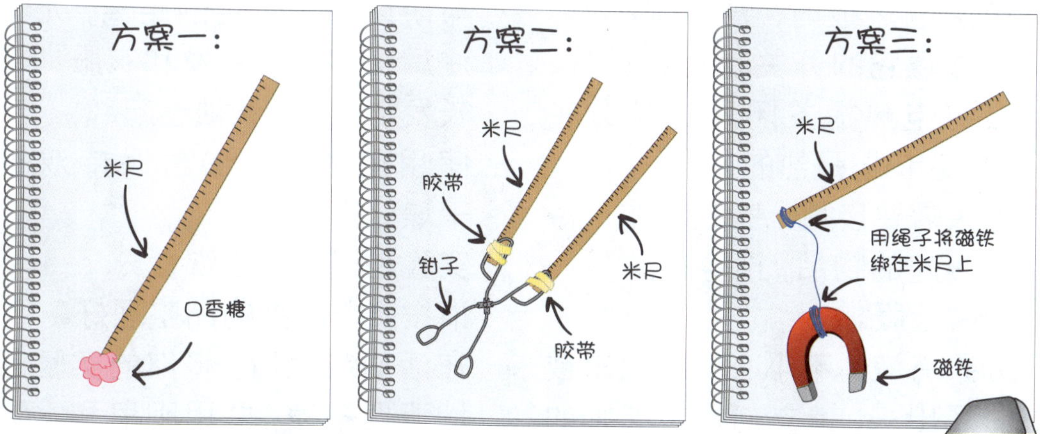

看一看上面的解决方案。弗兰德没有磁铁，没有钳子。但是，他有口香糖。他用一根扁平的棍子代替米尺去尝试实施方案一。方案一成功了！

检验

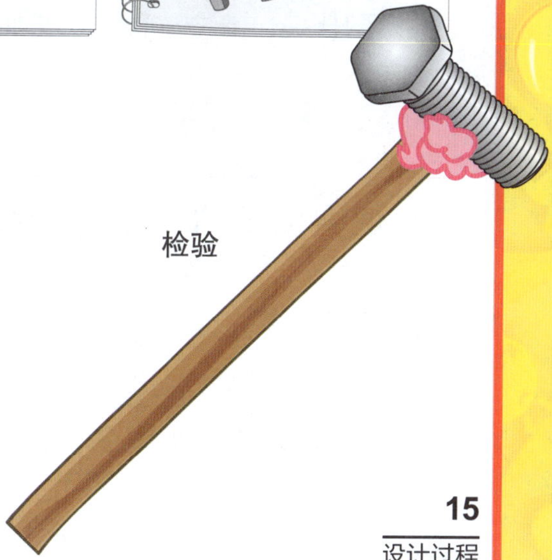

安全提示

室内

- 阅读并理解所有的指导说明。当你看见“△小心”的时候，一定要遵守操作规范。
- 仔细听老师特别说明的注意事项，如果对某些方面不是很清楚，应及时寻求帮助。

- 在活动前，请用肥皂和水清洗双手。
- 使用电热板时，要特别小心。要注意它的开关状态。记住：在将电热板关闭后的几分钟内，它仍旧是热的。
- 如果需要接触一些脏乱或会溅起的物品，请穿上实验服。

- 如果有液体不小心流了出来或溅了出来，请立刻寻求老师的帮助。
- 请按照要求处理废弃物。
- 如果有物品被打碎了，请告诉老师。如果玻璃制品碎了，不要独自处理。

- 当老师要求你佩戴护目镜时，请按要求去做。当你要操作一些可能会飞溅到眼睛里的粉末或液体时，必须戴好护目镜。
- 与明火保持一定的距离，尤其注意保护你的头发和衣服。将长发绑起，将长袖卷起。
- 使用电器时，注意保持双手干燥。
- 实验过程中禁止饮食。
- 请按照要求把物品整理好。
- 在活动结束后，将你的实验区域清理干净，并用肥皂和水清洗双手。

室外

- 与值得信任的成年人一起活动，例如你的老师、家长或其他监护人。
- 在没有得到成年人的允许前，不要触摸动物或植物。动物可能会咬伤你，有些植物可能会有毒。

责任 **请注意尊重生命、爱护环境和你的同伴。**

力和能量

世界上第一个摩天轮是美国人乔治·法利士于 1893 年设计的。

科学和工程

实践：设计解决方案

“我数到三，你就指向北方。1，2，3，开始！”你指的是哪边？怎么能判断你是否正确呢？在很久以前，人们利用星星和太阳来判断方向。如今，随着科学、技术和工程的进步，人们已经开发出全球定位系统。许多汽车、手机都配备有全球定位系统，只要按一下按钮，就能帮助我们找到方向。但在几百年前，人们辨别方向的方法和现在可大不相同，人们使用一种叫作指南针的工具来辨别方向。

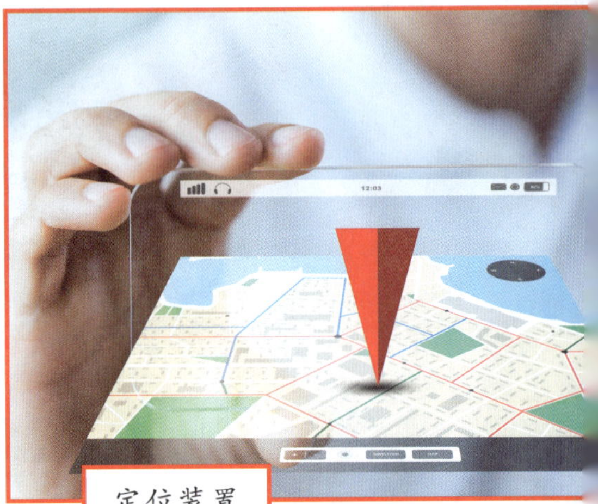

定位装置

▶ 学习

指南针是一种非常简单的工具，其主要组成部分是一根装在轴上的磁针。在这根磁针的一端，你可能会看到字母 N 或以不同的颜色来标示出的北方。

普通的缝纫针是由铁制成的。铁是一种磁性材料，里面分成很多微小的区域，每一个微小区域就叫一个磁畴，每一个磁畴都相当于一个微小的磁场。一般情况下，各个磁畴的磁场互相抵消，所以缝纫针就不显磁性。当用磁铁摩擦缝纫针后，各个磁畴的方向就会趋于一致——这样，在一段时间内，缝纫针就变成了磁铁。

指南针

▶ 设计

用磁铁的一极在缝纫针上沿同一方向摩擦 50 次。⚠ **小心！注意别被针伤到。**现在针已经被磁化了，它可以作指南针使用。

和同学一起讨论，如何让被你磁化的针尖指向北方。画出你的想法，并选择最好的一个，试着实施。观察并记录下你的试验结果。

▶ 优化

你怎么能让你的“指南针”更好地工作呢？参考其他同学的想法，也可以仔细观察一下真正的指南针，将其与磁化针头所指的方向进行比较。想一想怎样才可以让你的针自由移动，以便它能更准确地指向北方。试着改良你制作的指南针。

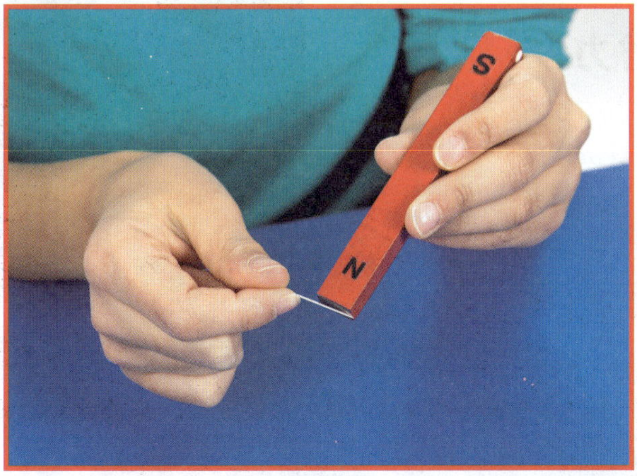

第1章

力和运动

大概念 什么可以让物体运动?

基本问题

第1课
如何描述物体的运动?

第2课
力是如何改变物体运动的?

第3课
我们是如何做功的?

第4课
简单机械为什么可以省力?

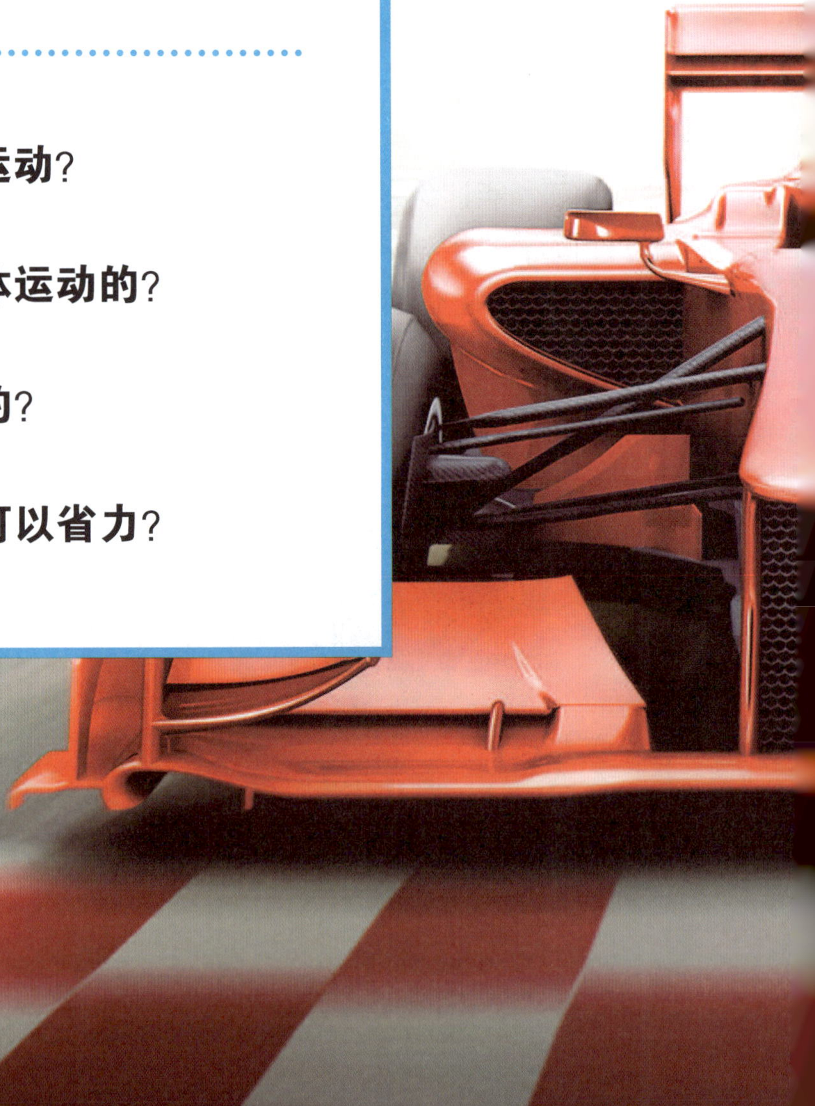

大概念

核心词汇

位置 物体所在的地方。

运动 物体位置发生变化。

力 推或拉；力可以改变物体运动的状态。

功 当物体在力的方向上通过一段距离时，这个力就做了功。

能量 做功的动力。

简单机械 具有很少或者没有活动部件的机械。

第1课

位置和运动

看一看，想一想

滑雪就像在雪地上玩滑板。这位滑雪者下山时，位置会发生怎样的改变？

探究活动

如何描述物体的位置?

目标

找出准确描述积木位置的方法。

活动步骤

1. 两位同学面对面坐在课桌两边，在两人之间竖一本笔记本。
2. 一位同学扮演“搭建者”，用一套十色积木来搭建一个建筑物；另一位同学扮演“复制者”，因为被笔记本遮挡，这位同学看不到笔记本后面的建筑物。
3. **交流** 搭建者告诉复制者如何搭建同样的一个建筑物。记录下在这个过程中搭建者所说的话。
4. **观察** 移开笔记本，两位同学搭建的建筑物一模一样吗？互换角色，然后再试一次。

材料

笔记本

两套十色积木

得出结论

5. 你如何来描述你的建筑?
6. **推理** 你能独立说出每个积木的位置，而不提及它与其他积木的相对位置吗?

进一步探究

交流 你该如何指导某个不熟悉当地环境的人从你家走到你的学校?

读一读，学一学

基本问题

如何描述物体的运动？

词汇

位置

距离

运动

速度

阅读技能

比对和对比

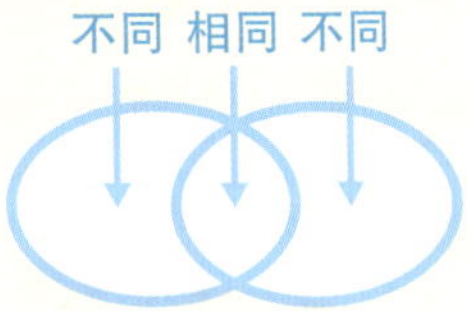

如何描述物体的位置？

在下面的图片中，穿白色T恤衫的女孩在哪里？她在穿红色T恤衫男孩的旁边，穿粉红色T恤衫女孩的下面。当你描述某样东西在哪里的时候，你描述的是它的位置。**位置（position）**是物体所在的地方。

你可以通过描述物体与其他物体的相对位置来说明它的位置。要使用上、下、左、右、顶部、底部之类的词来提供关于位置的线索。你可以说老鼠在桌子下面，也可以说老鼠在地上。当描述某一物体的位置时，你可以将其与周围物体的位置进行比较。

你会如何描述穿红色T恤衫的男孩的位置呢？

距离

你还可以通过测量某个物体与其他物体的距离来描述它的位置。距离(distance)是两个物体或地点之间的空间长度。距离可以用厘米、米或千米来衡量。你可以用直尺或米尺来测量距离。下图中，两个玩具之间的距离是 10 厘米。

快速检测

比对和对比 为了准确描述物体的位置，你可可以将物体与什么进行比较？

批判性思维 使用适当的词语来描述你的座位在教室哪里。

▲ 你怎么测量这两个玩具之间的距离？

什么是运动?

看下面小老鼠的照片。在第一张照片里，它在岩石上；在第二张照片里，它在两块岩石之间。小老鼠做了什么？它运动了。你知道老鼠运动了是因为它的位置改变了。当物体的位置发生改变时，我们就说它正在运动。运动（motion）是指物体位置发生变化。

物体可以以不同的方式运动。看下一页的四幅图：跑步运动员以直线向前运动；花样滑冰运动员在冰面上旋转；滑雪爱好者沿着之字形的路线从山上滑下来；滑板玩家在滑道上做往返运动。直线、旋转、之字形和往返都是运动的类型。

▲秋千来回摆动。

▼你怎么知道老鼠运动了?

快速检测

比对和对比 之字形运动和往返运动有哪些相似的地方?

批判性思维 你还能举出哪些做往返运动的物体?

运动的不同类型

读　图

物体可以以哪些方式运动？

线索　箭头可以表明运动的方向。

迷你实验

测量速度

1. 布置赛道，如下图所示。

2. **测量**　让一个发条玩具从起点开始前进。请一位同学用秒表记录玩具从开始移动到完全停下来的时间。测量玩具在这个过程中一共移动了多长的距离。记录下所有数据。
3. **交流**　画一张图表来展示玩具是如何运动的。
4. **应用**　玩具到底运动了多远？它运动的速度有多大？想一想你是否可以从这个实验得出它的速度。如果要测量某一物体的运动速度，你需要测量什么？

什么是速度？

有些物体比其他物体运动得快，如猎豹要比蜗牛运动得快。**速度（speed）**就是用来描述物体运动的快慢程度，速度等于运动物体在单位时间内通过的路程。要测量物体的速度，你不仅需要知道物体走了多远，还需要知道物体走这段距离用了多少时间。如果一辆汽车每小时行驶 50 千米，其速度就是 50 千米 / 小时。

快速检测

比对和对比　哪一个更快？飞机还是汽车？为什么？

批判式思维　小红车运动得比小绿车快。两车都运动了 3 秒，那么，哪辆车运动得更远？为什么？

慢速运动的物体比快速运动的物体需要更长的时间才能走完相同的路程。

课后回顾

摘要

位置是物体所在的地方。

运动是物体位置的变化，物体可以以不同的方式运动。

速度可以用来描述物体运动的快慢程度。

制作 折叠式学习卡

制作折叠式学习卡来总结有关位置和运动的知识。

想一想，说一说，写一写

1. **词汇** 物体的位置指的是什么？
2. **比对和对比** 之字形运动和往返运动有什么异同？

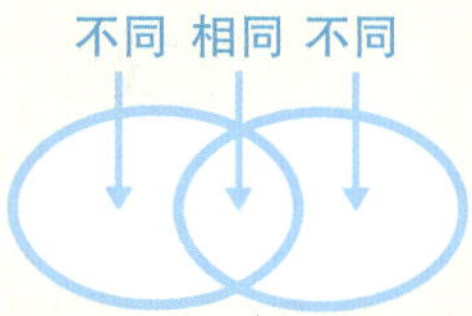

3. **批判性思维** 假设你以 10 千米 / 小时的速度骑行了 3 小时自行车，你骑了多远？
4. **测试** 哪种工具可以帮助我们测量距离？
   A 秒表。
   B 温度计。
   C 天平。
   D 尺。
5. **基本问题** 如何描述物体的运动？

写作链接

写一段说明性文字

假设你手里拿着一个球，松手后，球会如何运动？如果你把球扔给朋友，球是如何运动的？描述球的不同运动方式。

数学链接

制作图表

使用不同的测量工具来探究 5 种物体的速度。将探究结果记录到表格中，然后制作一幅条形图。你认为在比较数据的时候，最好使用表格还是使用条形图？为什么？

交通工具发展史

几乎每个人都喜欢旅行。为此，人们找到了周游周边城市、周游全国和周游世界的方法，甚至已经有人进入了太空。下面是一条交通工具发展的时间线。这条时间线展示了历史上人们设计的能让大家走得更远的交通工具。

1804

英国人理查·特里维西克发明了世界上首辆可以实际运作的蒸汽机车。借助蒸汽机车，人们不仅可以去更遥远的地方旅行，还可以更快地到达目的地。

1885

德国人卡尔·弗里特立奇·本茨制造了第一辆依靠汽油行驶的汽车。它的工作原理与你今天在路上看到的汽车类似。但是，这辆车只有三个轮子！

AMERICAN MUSEUM OF NATURAL HISTORY

1903

莱特兄弟制造了第一架可以安全飞行和降落的飞机。他们的飞机发动机由汽油提供动力，它在 12 秒内飞行了 36 米。

1961

苏联宇航员尤里·加加林是进入太空的第一人。他的宇宙飞船装有特殊的引擎，引擎所产生的力量足以抗衡地球引力，帮助加加林的飞船离开地球表面并在太空中环绕地球飞行。

问题和解决方案

如何提出一套完整的解决方案？

- 定义问题。
- 解决这个特定问题的方法。

写作

问题和解决方案　交通工具如何帮助人们到达遥远的地方？再次阅读文章，然后就交通工具为人类的旅行之梦提供的解决方案写一篇短文。

第2课

力

看一看，想一想

风可以推动帆船航行到远方。如果增大风力，这些帆船的运动会有什么变化？

探究活动

力是如何影响物体运动的?

做出假设

如果你增大推动物体的力，会发生什么变化?做出假设，例如“如果我用更大的力推动物体，它会……”。

验证假设

1. 在地板上堆三本书，将一块纸板的一端搁在书堆上，这样，你就制成了一个斜坡。把纸板的另一端用胶带固定在地板上。
2. **观察** 在斜坡底部放置一辆玩具车。在斜坡顶部放一个网球，松手让网球滚下来，网球会推动小车前进。你观察到了什么?
3. **测量** 测量玩具车运动的距离。
4. **使用变量** 在书堆上再放三本书。当你增加斜坡的高度时，球会以更大的力推动小车。重复步骤 2 和步骤 3。

得出结论

5. **推理** 导致小车运动的原因是什么?
6. **解释数据** 哪种情况下，小车运动得更远?
7. **推理** 力是如何影响物体运动的距离的?

进一步探究

拓展实验 如果你增加玩具车重量再重复上述实验，实验结果会发生改变吗?

材料

六本书

纸板

胶带

玩具车

网球

直尺

读一读，学一学

基本问题

力是如何改变物体运动的？

词汇

力

磁铁

重力

重量

摩擦力

阅读技能

因果关系

原因 → 结果

什么是力？

物体不会自己改变运动状态——你必须施加力才能使它的运动状态改变。力（force）可以是推力，也可以是拉力。你总是使用力来移动物体。当你拉门把手或推动拖车时，你会施加一个力来使它们运动。

力有大有小。起重机用来举起卡车的力是巨大的；你的手拿起羽毛的力则很小。移动重物比移动轻的物体需要更大的力。力也会影响物体的速度。你使用的力越大，物体运动的速度就越大。

推力和拉力使这辆小车运动。▼

运动的变化

力可以改变物体的运动状态，能使物体开始运动、加速、减速或停下来。力也可以改变物体运动的方向。

力可以改变足球的运动。守门员施加一个力，将球传给队友，球开始运动。队友在踢球时施加另一个力，球改变方向。每次施加力时，球的运动都会被改变。当守门员接住球时，球的运动停止。

物体运动的变化是作用于该物体的所有力共同的结果。回忆下拔河比赛的情景。当双方势均力敌地拉绳索时，两边的拉力是一对平衡力，什么都没动；如果一方拉力更大，绳子就开始向一方运动，双方也会随之开始运动。

运动的改变

① 守门员投球，球开始运动。

② 这名球员踢球，改变球的速度和方向。

③ 守门员抱住足球，球停止运动。

快速检测

因果关系　力是如何影响物体的运动的？

批判性思维　当你踢一个运动中的球时，会发生什么？

读　图

力是如何改变这只足球的运动的？

线索　请注意仔细阅读图片下方的文字。

力的类型

你最熟悉的力可能是接触力。**接触力**发生在相互接触的物体之间。想想棒球比赛：投手必须接触球才能将球扔出；球棒必须触球才能改变球的方向。某些力可以在不接触物体的情况下起作用。磁力和重力就是这样的力。

▲ 当球棒击打球时，球会改变运动方向。

磁力

你用过磁铁吗？仔细观察磁铁的作用，你注意到了什么？当你把两块磁铁靠近时，它们可能会相互**吸引**，也就是拉动对方。当然，它们也可能相互**排斥**，也就是推开对方。磁铁可以在不接触的情况下吸引或排斥对方，这种力就是磁力。**磁铁（magnet）**具有**磁力**。

磁铁与磁铁可以相互吸引，也可以相互排斥，它们还可以吸引铁、镍等某些金属，但是它们不能吸引木头、玻璃、塑料或橡胶。磁铁可以隔着固体、液体或气体吸引或排斥物体。

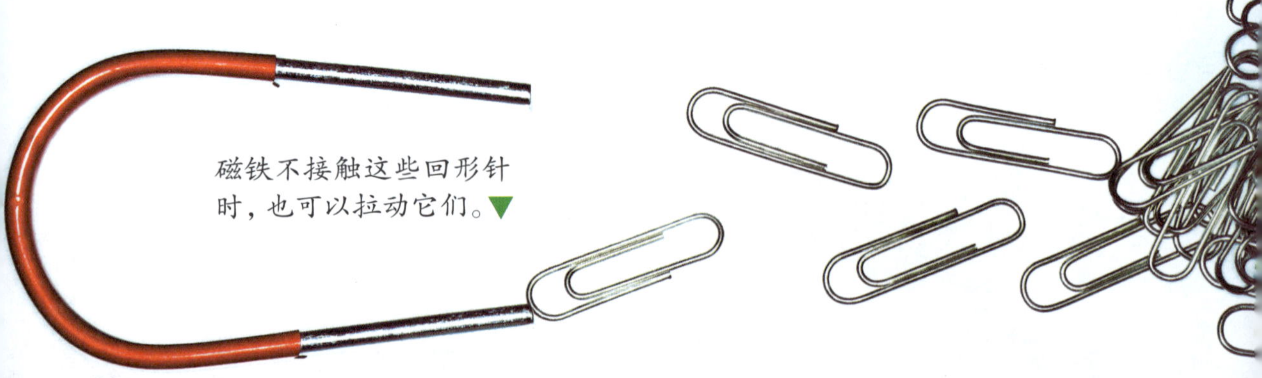

磁铁不接触这些回形针时，也可以拉动它们。▼

重力

你看不到重力，但它是你留在地球上的原因。**重力（gravity）**是天体吸引其他物体的力。重力将物体吸引到一起。当你跳起来的时候，正是重力把你拉回地面。重力可以隔着固体、液体或气体起作用。

让你留在地球上需要多少重力？答案是你的体重。物体的**重量（weight）**是衡量重力对其吸引力的指标——物体的重量越大，它所受到的重力就越大。

快速检测

因果关系 重力对物体有什么影响？

批判性思维 如何在不接触回形针的情况下获得回形针？

迷你实验

观察重力

1. **预测** 重力对所有物体的作用是否相同？它对体积相同但质量不同的两个塑料瓶的作用是否相同？

2. 一只手拿着一个空塑料瓶，另一只手拿着一个大小相同但装满水的瓶子。将两个瓶子分别远离身体。
3. **观察** 描述你的感受。每个瓶子都是以同样的力量被拉向地球吗？
4. **推理** 这两个瓶子的重力是一样的吗？你是怎么判断的？

重力将这些跳伞爱好者拉向地球。

▲这种水滑梯很光滑，几乎没有摩擦。

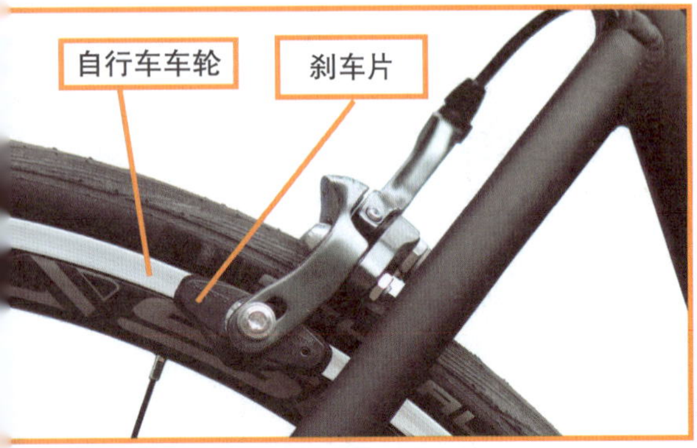

▲刹车片和自行车车轮之间的摩擦使自行车停下来。

什么是摩擦力？

一块积木在地板上滑行，渐渐地，它会减速、停下来。为什么会这样？因为积木受到了摩擦力的作用。**摩擦力（friction）**是一个物体与另一个物体表面摩擦时产生的力。它阻碍物体相对运动并导致其减速。

不同的表面会产生不同强度的摩擦。粗糙的表面，如砂纸，通常会产生较大的摩擦力。光滑的表面，如冰，产生的摩擦力较小。

人们常常用光滑的东西来减小摩擦力，如工人会在大型机械的零部件上滴上润滑油来减小摩擦力；人们也会用粗糙或黏性物质来增大摩擦力，如自行车上的刹车系统就是使用橡胶来增大摩擦力的，当你按刹车时，刹车片会压在车轮的边缘，刹车片和车轮之间的摩擦使自行车停止运动。

快速检测

因果关系 当你按自行车刹车时，会发生什么？

批判性思维 为什么说摩擦力也是一种力？

课后回顾

摘要

力可以是推力或拉力，力可以改变物体的运动。

接触力、磁力和重力是三种不同类型的力。

摩擦力是一个物体与另一个物体摩擦时产生的力。

制作 **折叠式学习卡**

制作折叠式学习卡来总结关于力的知识。

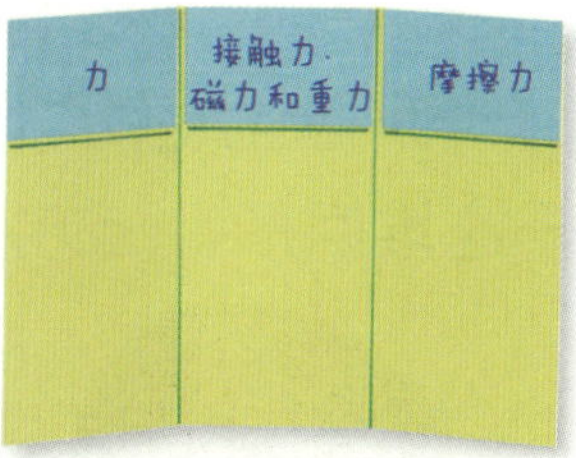

想一想，说一说，写一写

1 **词汇** 什么是摩擦力？定义并举例说明。

2 **因果关系** 你在操场上荡秋千。什么力会让你在上升时减速？

原因 → 结果

3 **批判性思维** 摩擦力是怎样帮助保障人的安全的？

4 **测试** 下面哪一个是接触力？

A 磁铁吸引一个回形针。

B 两个磁铁相互排斥。

C 棒球击球。

D 叶子飘落。

5 **基本问题** 力是如何改变物体运动的？

数学链接

数量排序

用弹簧测力计称五个物体，测量它们的重量（以牛顿为单位）。将数据整理到条形图中，从小到大排列。

健康链接

使用肌肉

当你推或拉东西的时候都会用到肌肉。了解你身体中有哪些肌肉，这些肌肉都有什么用？肌肉是如何帮助你运动的？

科学探究

材料

磁铁

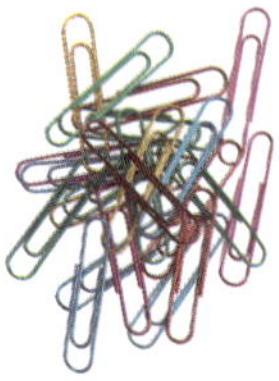

回形针

直尺

结构化探究

距离如何影响磁铁对金属物体的作用力？

做出假设

已知某些金属物体，如回形针，会被磁铁吸引。当你改变磁铁和回形针之间的距离时会有什么不同？靠近时又将如何影响磁铁对回形针的作用力？请用“如果将磁铁靠近一堆回形针，会发生……”的形式写下你的答案。

验证假设

1. 在桌面上放一堆回形针。在回形针附近立一把尺子。
2. **实验** 如下图所示，握住磁铁，慢慢降低磁铁，直到它位于这堆回形针上方 1 厘米处。

3 **测量** 将磁铁移开，取下吸在上面的回形针，计算吸在磁铁上的回形针的数量。将数据记录在表格中。

4 重复步骤 1～3，让磁铁停留在距离回形针 2 厘米和 3 厘米处。记录数据。

距离	回形针的数量
1 cm	
2 cm	
3 cm	

得出结论

5 **应用** 磁铁在哪个距离吸附的回形针最多？

6 **解释数据** 当磁铁远离物体时，磁铁对物体的作用力是变大还是变小？

指导性探究

磁力可以穿过物体吗？

做出假设

磁力是否可以穿过不同的物体，如木头、塑料、纸张或铝箔？写下你的假设。

验证假设

设计一个实验来验证你的假设。列出实验中使用的材料并写下你设计的步骤。

得出结论

有什么物体可以阻挡磁力吗？有什么物体可以使磁力更强或更弱吗？与同学分享你的探究。

开放性探究

关于磁铁，你还有其他什么问题吗？例如，哪些常见物体会被磁铁吸引？设计一个实验来寻求答案。

请记住要遵循科学过程。

提出问题
↓
做出假设
↓
验证假设
↓
得出结论

第 3 课

功和能量

看一看，想一想

拖船正在将一艘大型集装箱船拉到码头。这艘拖船正在做功吗？为什么？

探究活动

什么是功?

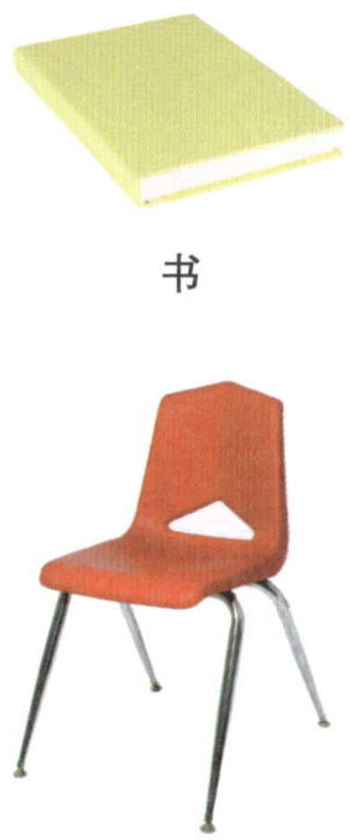
材料

书

椅子

预测

你怎样判断出某种力是否在做功?请做出你的预测。

检验

1 制作如下所示的表格,用它来记录我们接下来的实验。

活动	它做功吗?	为什么?
拿起一本书		
思考问题		
拖动椅子		
重重地跺在地板上		
推墙		

2 **分类** 用实际操作来检验一下上面的每一个活动是否在做功。

得出结论

3 **交流** 在表格中记录下你判断某一个活动是否在做功的依据。

4 **推理** 你觉得功是什么?

进一步探究

拓展实验 在家里进行其他活动,尝试找到其他做功的操作。

读一读，学一学

基本问题
我们是如何做功的？

词汇
功
能量
动能
势能

阅读技能
总结

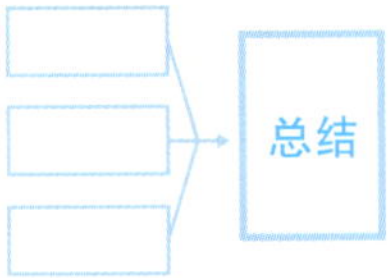

什么是功？

你知道什么是功吗？你可能会说你每天都在学校做功课。在科学的概念里，功有着特殊的定义。当物体在力的方向上通过一定的距离时，我们就会说这个力做了**功（work）**。比如，拿起一本书是做功——力改变了书的运动状态；当一本书掉落时，重力也在做功——它改变了书的运动状态；推墙不做功——无论你多么努力，墙壁都一动不动。

做功有时轻松，有时困难。拿起一块小石头是在做功，举起大石头也是在做功。无论石头是大还是小，在这个过程中，物体都会在力的方向上通过一定的距离。

快速检测

总结 你如何判断一个操作是否做功？

批判性思维 玩游戏在做功吗？为什么？

当你在画架上画画时，你正在做功。你的手在移动画笔。▶

做 功

读 图

每张图中的人们是如何做功的？

线索 在每张图中寻找一个力和一个物体在力的方向上通过的距离。

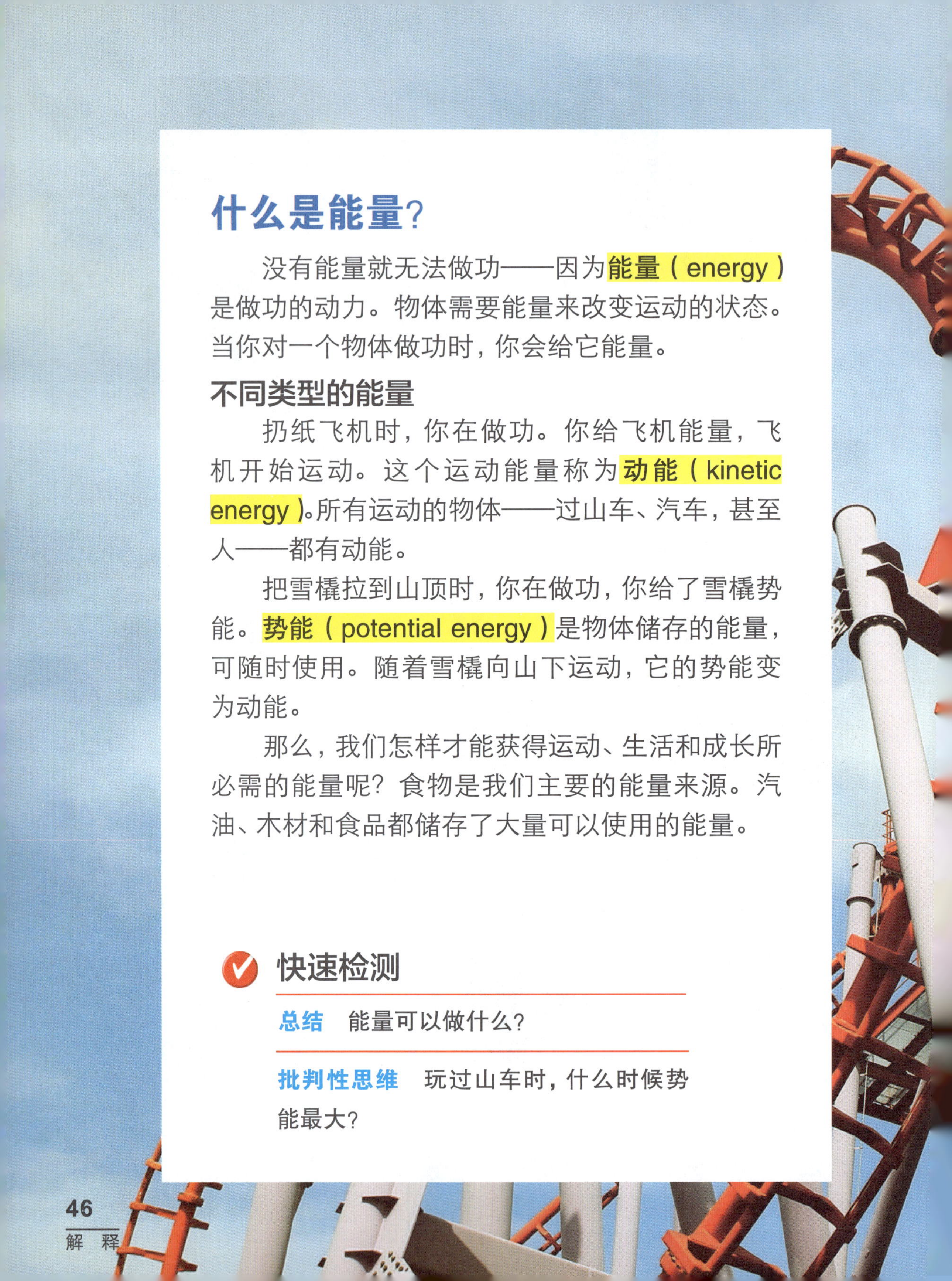

什么是能量？

没有能量就无法做功——因为**能量（energy）**是做功的动力。物体需要能量来改变运动的状态。当你对一个物体做功时，你会给它能量。

不同类型的能量

扔纸飞机时，你在做功。你给飞机能量，飞机开始运动。这个运动能量称为**动能（kinetic energy）**。所有运动的物体——过山车、汽车，甚至人——都有动能。

把雪橇拉到山顶时，你在做功，你给了雪橇势能。**势能（potential energy）**是物体储存的能量，可随时使用。随着雪橇向山下运动，它的势能变为动能。

那么，我们怎样才能获得运动、生活和成长所必需的能量呢？食物是我们主要的能量来源。汽油、木材和食品都储存了大量可以使用的能量。

快速检测

总结 能量可以做什么？

批判性思维 玩过山车时，什么时候势能最大？

迷你实验

使用能量

1. 你可以从食物中获取能量以供自己运动和游戏。食物中存储的能量是我们日常生活中最重要的能量来源。下表显示了一些食物储存的能量情况。

食物	能量（单位：卡路里）
1杯苹果汁	120
1片小麦面包	75
1片火鸡肉	30
1片奶酪	60
1杯生菜汁	7

2. **应用** 利用表格中的数据为自己设计一顿饭。你打算从这顿饭里摄取多少能量？
3. **应用** 从下表中选择一项活动，从你设计的那顿饭里摄取的能量可以供你进行多长时间的这种活动？
4. **应用** 选择其他活动并重复步骤3，哪个活动使用的能量最多？

活动	30分钟内消耗的能量（单位：卡路里）
骑自行车（慢速）	100
慢跑	160
听音乐	17

来自保龄球的能量击倒了保龄瓶。

能量是如何转化的？

能量可以从一个物体传递给另一个物体。当你抛出保龄球时，你将能量从你的身体传递到球上。当球击中保龄瓶时，球又会将能量传递给保龄瓶，于是保龄瓶从静止开始运动。

能量也可以改变形式。双手互搓，有什么变化？手变暖了。摩擦力在减慢搓手速度的同时，将动能变成了热能。

快速检测

总结　能量如何变化？

批判性思维　为什么保龄球在撞保龄瓶后会减速？

真相　**能量不会消失，它只是改变了形式。**

课后回顾

摘要

当物体在力的方向上通过一定的距离时，这个力做了**功**。

能量是做功的动力。

能量可以从一个物体传递给另一个物体。能量也可以改变形式。

制作 **折叠式学习卡**

制作折叠式学习卡来总结关于功和能量的知识。

想一想，说一说，写一写

1. **词汇** 什么是做功？举两个做功的例子。

2. **总结** 你踢球，球开始在球场运动。用做功和能量相关的术语来描述上述情况。

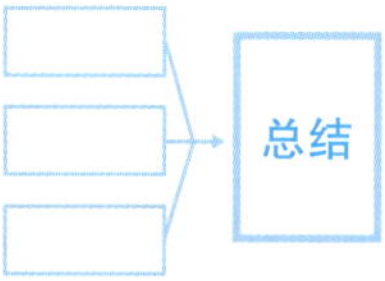

3. **批判性思维** 苹果和汽车油箱里的汽油有什么相似之处？

4. **测试** 下列哪些活动是做功的例子？
   A 复习功课。
   B 拿起一根羽毛。
   C 把一个沉重的箱子举过头顶。
   D 推墙。

5. **基本问题** 我们是如何做功的？

写作链接

写一篇科普文

山上的岩石有势能。当岩石滚下山坡时，这种能量会发生什么变化？写一段话来描述这种变化，并配图使你的科普文更加丰富。

艺术链接

制作剪贴画

你可以从杂志上剪一些图片，并将图片粘贴到一张大纸上来制作剪贴画。写下你认为在这个过程中每个物体获得能量的方式。

聚焦技能

探究技能：推理

实验是为了探究某个特定问题而设计的。有时候我们可以从数据中直接找到问题的答案，有时候我们必须用实验获得的事实来推理答案。

▶ 学习

推理时，你会根据观察和结果形成一个想法。在你进行观察时，记录下你的观察数据非常重要。你收集的数据越多，就能更好地进行推理。

▶ 尝试

自来水能做功吗？要回答这个问题，可以制作一个水车，然后观察在流水下发生的事情。结合你的观察结果和你对功的了解来推理水是否可以做功。

材 料 塑料圆盘，尺子，剪刀，铅笔，线，回形针，胶带，水龙头

水车是一种以流动的水的能量为动力的机械装置。

1. 在塑料圆盘上切四个 3 厘米长的缺口，折弯缺口。这样，水车的轮子就做成了。
2. 轻轻地将铅笔穿过塑料圆盘的中心。
   ⚠小心！在操作过程中，请注意不要被铅笔的笔尖伤到。你可以向成年人寻求帮助。
3. 将线的一端系在一个回形针上，另一端粘在铅笔上靠近圆盘上孔的位置。
4. 小心打开水龙头，直到水流平稳。
5. 将铅笔放在手掌上，然后将圆盘的边缘放在水流下。记录你的观察结果。
6. 用更大的水流重复步骤 4 和 5。记录下你的观察结果。

步骤 3

现在用观察到的结果和已知的事实来回答下列问题。

- 是什么让水车运动的？
- 使用更多的水会给水车带来更多能量吗？为什么？
- 自来水能做功吗？为什么？

步骤 5

▶应用

你已经学会根据收集的数据和利用已知事实来推理了。现在，你可以尝试推理出其他问题的答案。例如，风可以做功吗？你打算如何来推理呢？

第 4 课

使用简单机械

看一看，想一想

机械能让人们生活得更轻松。想一想，图中的手推车是怎样在收获的季节帮助人们的？

探究活动

简单机械如何帮助人们举起重物?

做出假设

看一看步骤2和步骤4的照片。改变直尺和马克笔的相对位置，会改变提升两块大积木所需要的力吗?

验证假设

1. 用一点橡皮泥标记出直尺的中心，再用一点橡皮泥将小杯子粘在直尺的两端，如右图所示。
2. **实验** 将两个大积木放在一个杯子里，将小积木放到另一个杯子里。抬起两个大积木，需要多少个小积木?
3. **使用变量** 移动马克笔，让它更靠近直尺的一端。
4. **实验** 重复步骤2。你的实验结果发生了什么改变?

得出结论

5. **交流** 这个简单机械是如何升起物体的?
6. **解释数据** 马克笔的位置是如何影响升起两个大积木所需小积木的数量的?

进一步探究

拓展实验 将马克笔放在靠近大积木一端或者靠近小积木一端的不同位置上，重复上述实验。你可以从马克笔的位置以及小积木的数量上找到什么规律吗?

材料

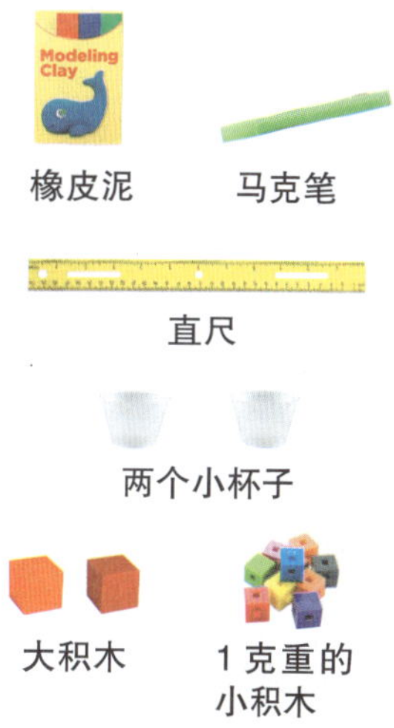

步骤 2

步骤 4

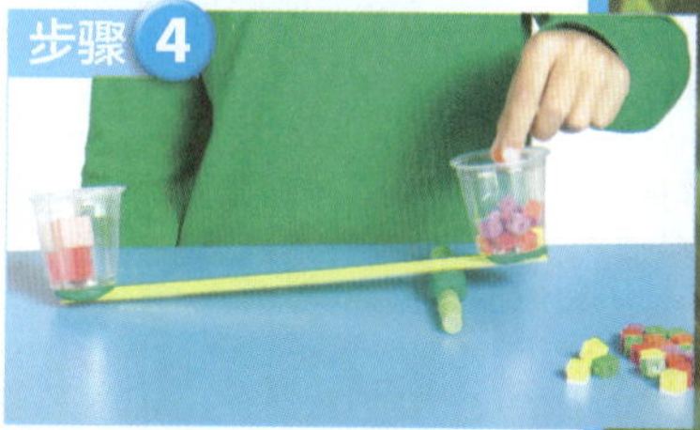

读一读，学一学

基本问题
简单机械为什么可以省力？

词汇
简单机械
杠杆
滑轮
轮轴
斜面
螺旋
劈
复杂机械

阅读技能 ✔
问题和解决方案

问题 → 解决步骤 → 解决方案

什么是机械？

人们每天都在使用机械。机械可以送人们去上学，机械可以帮人们削铅笔。那么，该如何定义机械呢？**机械**就是能帮人们降低工作难度或省力的工具装置。机械可以使工作变得容易，但是机械并不会改变要完成的工作量，它们只是改变了工作的方式。例如，用手推车抬起和搬运一块沉重的石头比徒手搬更容易。

有些机械可以帮助人们用较小的力量完成工作，有些机械则可以改变力的方向。

挖掘机如何让工地上的工作变得更容易？▼

汽车、起重机和推土机等机械有很多零件，它们可以帮助我们在很短的时间内完成大量的工作。然而，有几类机械却很简单。**简单机械（simple machine）**是指具有很少或完全没有活动部件的机械。简单机械一共可以分为六大类：杠杆、滑轮、轮轴、斜面、螺旋和劈。

简单机械

杠杆

滑轮

轮轴

斜面

螺旋

劈

快速检测

问题和解决方案 机械如何帮助人们解决问题？

批判性思维 请举出三种你每天都会用到的简单机械。

什么是杠杆?

手推车和跷跷板有什么相似之处? 它们都是**杠杆 (lever)**! 杠杆是一种可绕固定点转动的硬棒，这个固定的点叫作杠杆的**支点**。

杠杆可以用来举起物体。下图中，当男孩压下杠杆的一端时，另一端的女孩就被抬了起来。支点越靠近阻力，提升阻力所需的作用力就越小。

杠杆能让人们更容易抬起重物，也就是说，它们可以改变提升物体所需的力，而且它可以改变用力的方向，向下按压杠杆的力可以向上抬起物体。

杠杆是如何工作的?

读 图

杠杆如何使做功更容易?

线索 注意观察图中的箭头。

滑轮

滑轮（pulley）是一种特殊的杠杆，它借助绳索和轮子来抬起物体。当你向下拉绳子的一端时，另一端会上升。右图中的滑轮通过改变用于提升物体的力的方向，使人们做功更轻松。

借助滑轮，我们可以很轻松地将这个水桶提到高处。▲

轮轴

轮轴（wheel and axle）也是一种特殊的杠杆，它由一个轮子和绕着轮子旋转的一根杆组成，这根杆称为轴，门把手和摩天轮都是轮轴。

轮轴也可以使做功更容易。先尝试转动门把手开门；再将门把手取下来，尝试转动门把手后面的小钢条开门。哪一种方式需要的力量比较小？转动轮轴的轮子比直接转动轮轴的轴要省力得多。

轴旋转了一小圈，轮子旋转了一大圈。▼

快速检测

问题和解决方案 怎样才能搬起一块沉重的岩石？

批判性思维 你可以用哪种简单机械来升旗？

把一个箱子推上斜坡比把它直接抬上去所需的力要小。

什么是斜面？

你可能已经在校园里看到过斜面了。**斜面（inclined plane）**是一个倾斜的平面，它也是一种简单机械，具有平坦而倾斜的表面。

倾斜的平面可以使做功更容易——它减小了移动物体所需的力。如果我们想把一个沉重的箱子搬到卡车上，显然很难把它从地上直接抬起来放进卡车里。这个时候，我们可以把它推到斜面上。在斜面上推动一个箱子比直接把箱子抬上去所需要的力要小得多。但是，和直接抬起箱子相比，把箱子推上斜面的过程中，箱子运动的距离会远得多。

螺旋

将斜面缠绕在一根柱子上就形成了**螺旋（screw）**。转动螺丝钉比敲钉子所需的力要小得多，同时螺旋可以把转动的力变成向下的力。

这种机器叫作螺旋钻。螺旋钻就是一个巨大的螺丝钉，它能钻到地底下或厚厚的冰层下面。

劈

将斜面背靠背放置，就可以得到一个劈。**劈（wedge）**是一种可以将物体分开的简单机械。

斧头就是一种劈。当你挥动斧头时，向下的力会变成向两侧的力，这样的力量可以将木材推开（劈开）。

大多数切割工具，如小刀和剪刀，都是劈。当你将小刀压入食物时，刀面也会将食物推开。

施加在劈的向下力，可以变为劈开木头的向两侧的力。▼

快速检测

问题和解决方案 你会选择哪种简单机械来切香蕉？

批判性思维 你可以在生活中找到应用斜面的实例吗？

迷你实验

斜面

1. 按下图所示制作一个斜面，然后把一袋（25 颗）弹珠挂在弹簧测力计上。
2. **测量** 用弹簧测力计直接向上拉弹珠，直到与书本的高度一致。记录弹簧测力计的读数。测量并记录这个过程中弹珠移动的距离。
3. **测量** 用弹簧测力计把弹珠拉上斜面。记录弹簧测力计的读数。测量并记录弹珠移动的距离。

4. **解释数据** 哪种方法移动弹珠需要的力更大？哪种方法弹珠移动的距离更远？

复杂机械

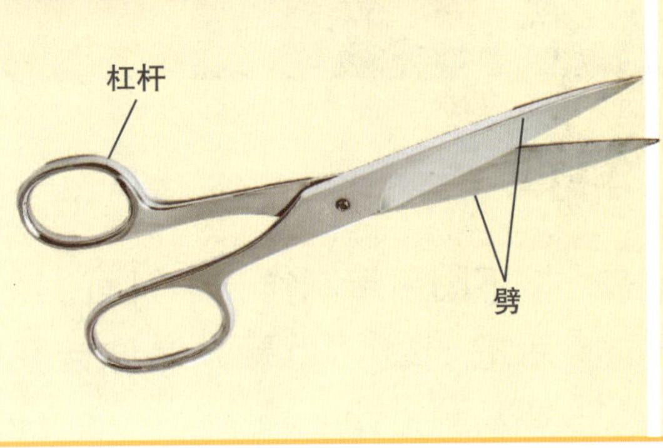

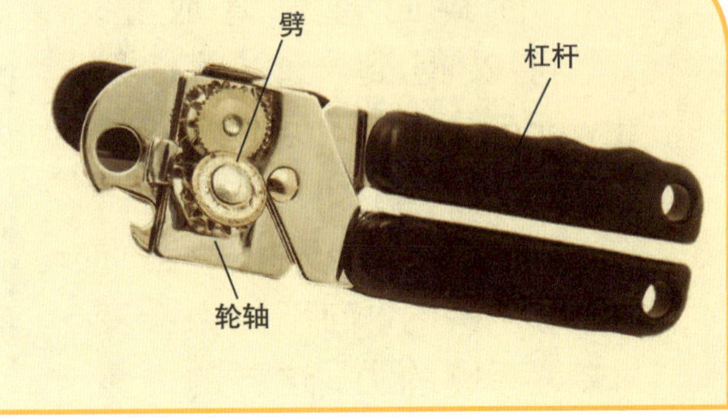

机械是如何协同工作的?

我们每天使用的大多数工具都是复杂机械。**复杂机械(compound machine)**是由两个或两个以上的简单机械组成的。

剪刀是复杂机械。两个劈和两个杠杆组成了实用的剪切工具，它们连接的点就是支点。当手柄被推到一起时，另一端的劈切断材料。

开罐器也是一种复杂机械。它包含一个劈、一个杠杆和一个轮轴。

快速检测

问题和解决方案 如果将两个或更多简单机械组合在一起，你会得到什么?

批判性思维 自行车是由哪些简单机械组成的?

课后回顾

摘要

机械能帮助人们更容易地完成工作。

杠杆、轮轴、滑轮、斜面、螺旋和劈都是**简单机械**。

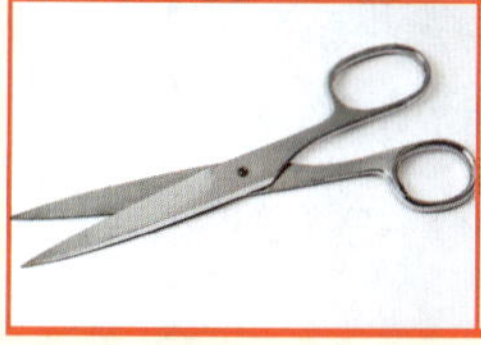

复杂机械是由两个或两个以上的简单机械组成的。

制作 折叠式学习卡

制作折叠式学习卡来总结所学的机械的相关知识。

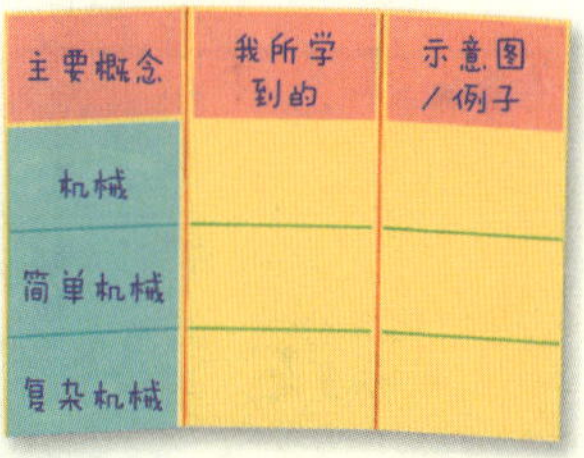

想一想，说一说，写一写

1. **词汇** 什么是简单机械？请通过举一个例子来说明。
2. **问题和解决方案** 假如你要建造一个 10 米高的金字塔，你会使用什么简单机械来建造它？

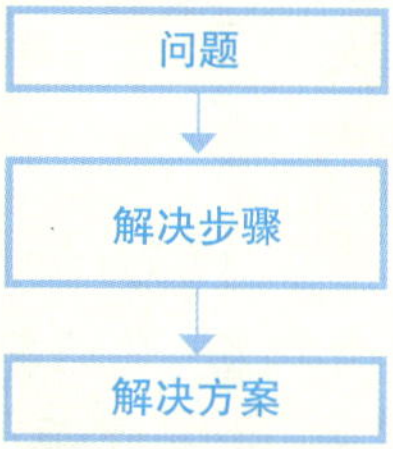

3. **批判性思维** 啄木鸟的喙可以被看成是哪种简单机械？
4. **测试** 下面哪个是复杂机械？
   A 杠杆。
   B 倾斜的平面。
   C 剪刀。
   D 轮轴。
5. **基本问题** 简单机械为什么可以省力？

写作链接

撰写报告

列出你在学校附近可以找到的简单机械。例如，图书馆的入口处可能有斜坡，操场上也许有跷跷板。请写一篇短文来描述一下如何使用这些机械。

历史链接

金字塔

很多很多年前，埃及人建造了巨型金字塔。那时没有推土机、卡车或挖掘机。请查找资料，研究一下根据现代的考古研究成果，当时的人们使用了哪些工具来建造金字塔。

一种非常有用的机械

开罐器是一种复杂机械，我们可以用它来轻松打开食品罐头。它是如何工作的呢？首先，把切割轮放到罐头的盖子上；然后，把两个长柄合在一起，这将会使切割轮切入罐头；接下来，转动曲柄以移动切割罐的轮子。持续转动曲柄，轮子持续转动，直到罐头盖脱落。这时你可以松开手柄并取下开罐器。

提示

如何写出一篇好的介绍？

- ▶解释清楚某个工具有什么用，它是如何完成某个特定工作的。
- ▶请记住，一篇好的介绍应该包括易于理解的操作细节。
- ▶用好表示时间顺序的词，如首先、其次、再次。

在开罐器中可以找到至少三种简单机械——劈，杠杆，轮轴。

写作

写一篇介绍 选择另一个复杂机械，了解它的工作原理，然后写一段文字来介绍如何使用它。

在数字中寻找模式

杠杆可以帮助人们提升重物。假设已知用手推车推动一袋土需要 60 牛顿的力，推动两袋土就需要 120 牛顿的力。想一想，你需要多大的力才能推动三袋土？你可以尝试从下表中找出规律来回答这个问题。

土的袋数	所需的力（单位：牛顿）
1	60
2	120
3	180
4	240

提示

- 数字模式是遵循一定规律的一组数字。而你需要做的，是找到这一组数字的变化规律，也就是它们的模式。
- 在左边的例子里，我们找到的模式是表格里的下一个数字总比上一个数字多60。

1袋　　2袋　　3袋

60牛顿　　120牛顿　　180牛顿

+60　　+60

实践

用240牛顿的力，你可以推动多少袋土？推动5袋土需要多大的力？解释你是如何找到答案的。

第1章 复习和测试

摘要

第 1 课　运动就是物体的位置发生变化。

第 2 课　力可以改变物体的运动状态。

第 3 课　力移动物体时会做功。能量描述的是做功的能力。

第 4 课　简单机械能使工作更轻松。

制作 **折叠式学习卡**

如下图所示，组合每一课的折叠式学习卡来回顾本章所学内容。

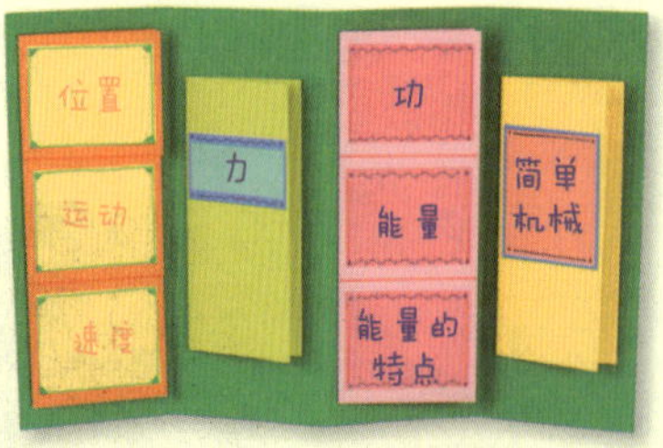

词　汇

DOK 1

用下列词语填空。

复杂机械	杠杆
能量	磁铁
力	运动
摩擦力	速度
劈	简单机械

1. 一个________的物体正在改变它的位置。
2. 做功的能力叫作________。
3. 物体运动的快慢程度通过________来描述。
4. 斜面是一种________。
5. 你可以用________来吸引铁制的物体。
6. 围绕固定的点转动的硬棒叫作________。
7. 推力或拉力都是________。
8. 小刀是一种简单的机械，________。
9. 按自行车刹车，减慢自行车的力是________。
10. 由两个或两个以上的简单机械组成的机械叫作________。

科学技能和科学概念

DOK 2-3

回答下列问题。

11. 问题和解决方案　一辆汽车刚刚行驶了 100 千米。你还需要知道什么数据才能计算出它的平均速度？
12. 写作　过山车什么时候势能最大？什么时候动能最大？
13. 推理　你是在水滑梯上运动得更快，还是在普通滑梯上运动得更快？为什么？
14. 批判性思维　汽车和人都需要能量。他们获得能量的过程有什么相似之处？
15. 批判性思维　四个小朋友在齐心协力地推动纸箱，但是纸箱并没有动。请解释其中可能的原因。
16. 下面展示了哪两种简单机械？它们有什么相同之处？又有什么不同之处？

17. 判断正误　做功总是需要很长时间。这句话是对是错？为什么？
18. 判断正误　杠杆总围绕着在一个称为支点的固定点转动。这句话是对是错？为什么？
19. 哪两种简单机械可以组成一把剪刀？
    A 滑轮和轮轴。
    B 滑轮和劈。
    C 杠杆和滑轮。
    D 杠杆和劈。

大概念

20. 什么可以让物体运动？

表现性评价

DOK 3

不那么简单的机械

- 机械可以让我们做功更加容易。想一想，在日常生活中，在哪些情况下，你曾希望做功能更轻松一些？选择一个这样的情况，并设计一种机械来帮助你完成当时的工作。
- 写一段说明文字来解释这个机械的工作原理，并绘制一个简单的设计图。
- 举几个日常生活中由简单机械组成复杂机械的例子。

测试

1 哪种简单机械被应用于转动摩天轮?

DOK 1

A 滑轮。

B 轮轴。

C 斜面。

D 劈。

2 过山车在下列哪种情况下势能最大?

DOK 1

A 在山脚下的过山车。

B 在半山腰上向上运动的过山车。

C 在山顶的过山车。

D 在半山腰上向下运动的过山车。

3 保龄瓶被保龄球击中后倒下,是什么发生了转移?

DOK 1

A 热能。

B 势能。

C 动能。

D 物理特性。

4 下列哪一个是接触力的例子?

DOK2

A 两个磁铁相互排斥。

B 重力将球拉向地面。

C 磁铁吸引钉子。

D 刹车片阻止了自行车车轮的运动。

5 哪个选项准确描述了下图中三角形的位置?

DOK 1

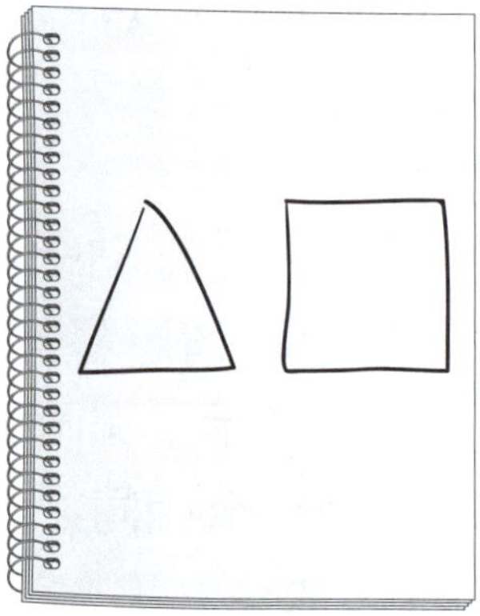

A 三角形位于正方形的下方。

B 三角形位于正方形的上方。

C 三角形位于正方形的右侧。

D 三角形位于正方形的左侧。

6 下列哪一种情况最有可能使物体运动而不触碰它？

DOK 2

A
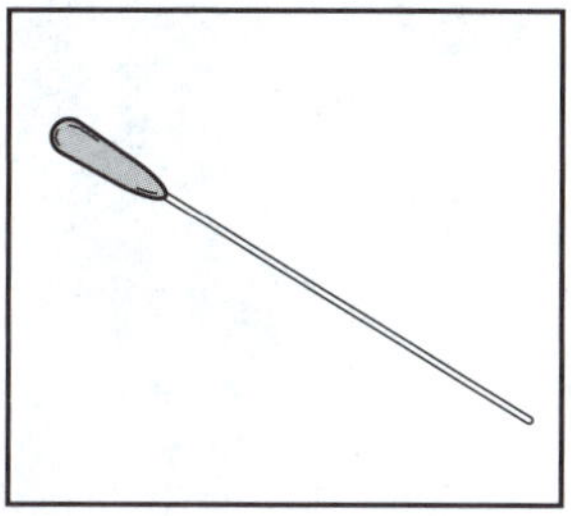

B
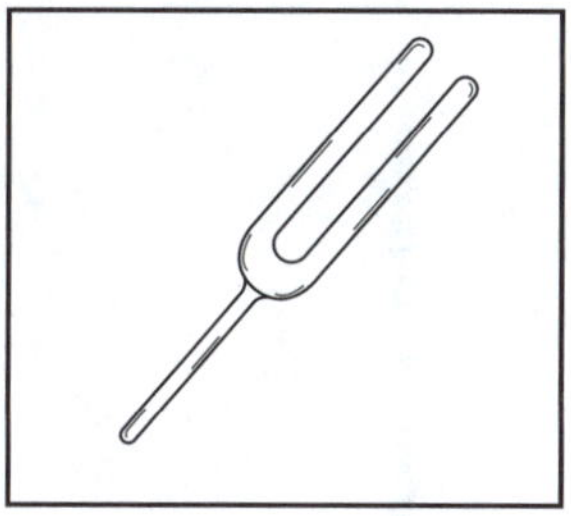

C

D

7 下图显示了作用在球上的四种力。箭头越大，力越大。球会向哪个方向移动？

DOK 1

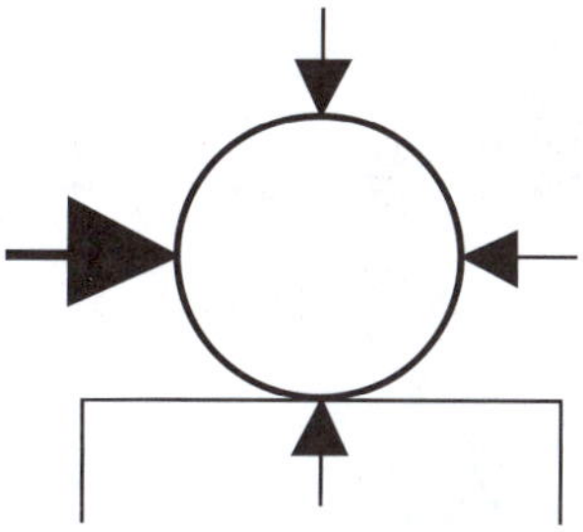

A 左。

B 右。

C 下。

D 上。

8 小丽知道汽车行驶了多少距离，那么，她还需要知道什么数据就能算出汽车的速度？

DOK 1

检 查

问题	对应页码	问题	对应页码
1	54～57	5	24～25
2	46	6	36～37
3	48	7	34～35
4	36～38	8	28

第2章

能量的形式

大概念

能量的主要形式有哪些？它们各有什么特点？

基本问题

第1课

如何描述热量？

第2课

什么是声音？

第3课

光是如何让你看到物体的？

第4课

我们应该如何利用电能？

北京

核心词汇

热量 从较热的物体到较冷的物体的能量流动。

温度 物体冷热的程度。

振动 不断的往复运动。

声音 一种来自振动物体的波，它具有能量。

光 一种能让你看到物体、具有能量的物质。

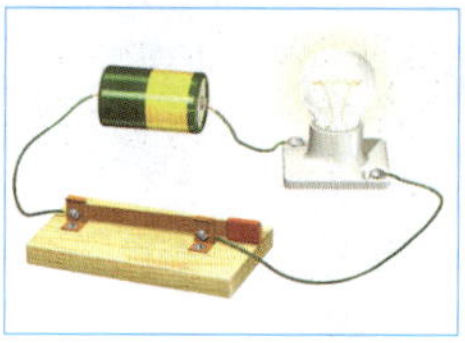

电流 带电粒子的定向流动。

第1课

热

看一看，想一想

热空气可以使热气球飞向天空，那么，加热空气时发生了什么？

探究活动

加热空气时发生了什么?

做出假设

温度对空气有什么影响?是否会使空气的体积变大或变小?写下你的假设。

验证假设

1. 用滴管在塑料瓶瓶口滴 5 滴水,将塑料圆片放在瓶口上,然后将瓶子放入冰箱。
2. **预测** 如果瓶子中的空气温度升高,塑料圆片会发生什么变化?
3. **观察** 数小时后,从冰箱中取出瓶子。快速搓手,当感觉双手变得温暖时,将手放在瓶子上。持续观察塑料圆片。

得出结论

4. **交流** 塑料圆片怎么了?你的预测是否准确?
5. **推理** 想一想,塑料圆片的变化表明瓶子中的空气在加热后发生了怎样的变化?

进一步探究

拓展实验 将空的塑料瓶放入冰箱几个小时后,取出瓶子,立即将气球套到瓶口上。你认为气球会发生什么变化?

材 料

滴管

水

空塑料瓶

塑料圆片

步骤 1

步骤 3

来自太阳的能量使地球上的土地、空气和水变暖。

读一读，学一学

基本问题

如何描述热量？

词汇

热量
热能
温度
温度计
热的良导体
热的不良导体

阅读技能

中心思想和论据

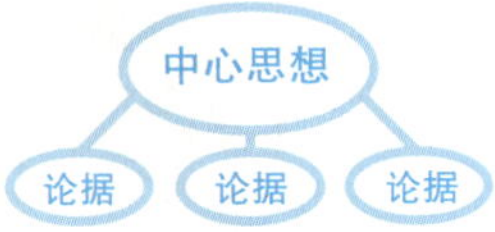

什么是热量？

你有没有试过用手捂着盛有热汤的碗？你有什么感觉？是不是觉得你的手也变暖了？这是因为热量从碗里转移到了你冰冷的手上。**热量（heat）**是不同温度的物体之间的能量流动。热量可以通过固体、液体和气体传递。它甚至可以在真空中传递，穿越宇宙空间。无论两个物体之间隔着什么，热量总是从温度高的物体流向温度低的物体。

热量的来源

太阳是地球热量的主要来源。所谓来源指的是某样东西的出处。来自太阳的能量使地球上的土地、空气和水变暖。如果

迷你实验

水和土壤的导热性

1. **预测** 哪种导热更快，一杯水还是一杯土？
2. **使用变量** 用容量为150毫升的两个杯子分别装满水和土壤。
3. **测量** 在两个杯子里分别放一个温度计，测量水和土壤的温度，记录下数据。
4. **实验** 将杯子放在温暖的地方，15分钟后再次测量每个杯子里的温度。
5. **应用** 计算每一个杯子里的温度变化。

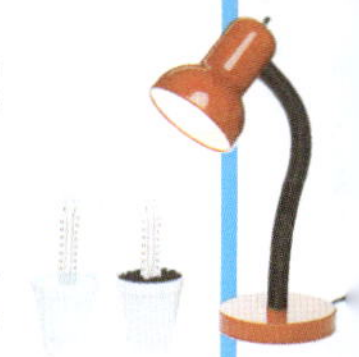

6. **解释数据** 哪种物质导热性能更好？水还是土壤？为什么？

没有太阳的能量，地球上的大部分生物就会被冻死。

火、灯泡和电炉也可以作为热量的来源。火通过化学变化产生热量，灯泡和电炉用电来产生热量。两个物体在一起摩擦也会产生热量，这也是你冬天里可以搓手取暖的原因。

导热的物体

有些物体比其他物体更容易导热。例如，在海滩上，沙子和海水都被太阳炙烤着，但是你会发现，当沙子的温度已经很高的时候，海水仍然保持一丝凉意。

快速检测

中心思想和论据 描述热量是如何流动的。

批判性思维 人们利用热量的方式有哪些？

热量会给物质带来哪些改变?

请记住，所有物质都是由微小颗粒组成的，这些粒子总是在运动。使它们运动的能量称为**热能（thermal energy）**。加热物质会增加这些粒子具有的热能。热的物体，如热汤，有较多的热能，所以它内部的粒子运动得很快；冷的物体，例如冰块，具有的热能较少，所以它内部的粒子运动缓慢。

物体具有的热能的多少，表现为物体的冷热程度。所以，当你测量物体的**温度（temperature）**时，实际上是在测量它的热能——物体的热能越多，温度就越高。

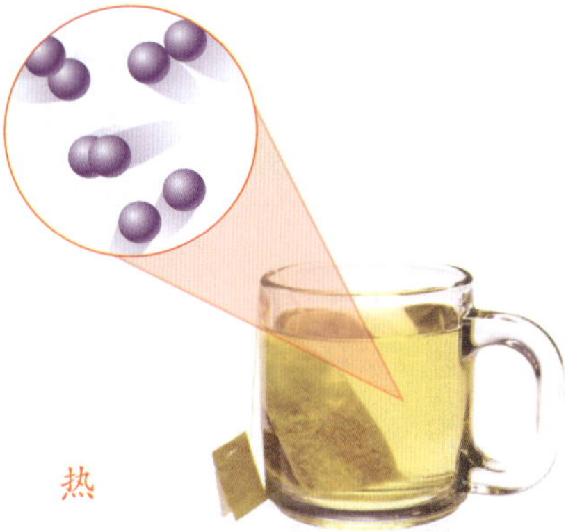

热

冷

测量温度

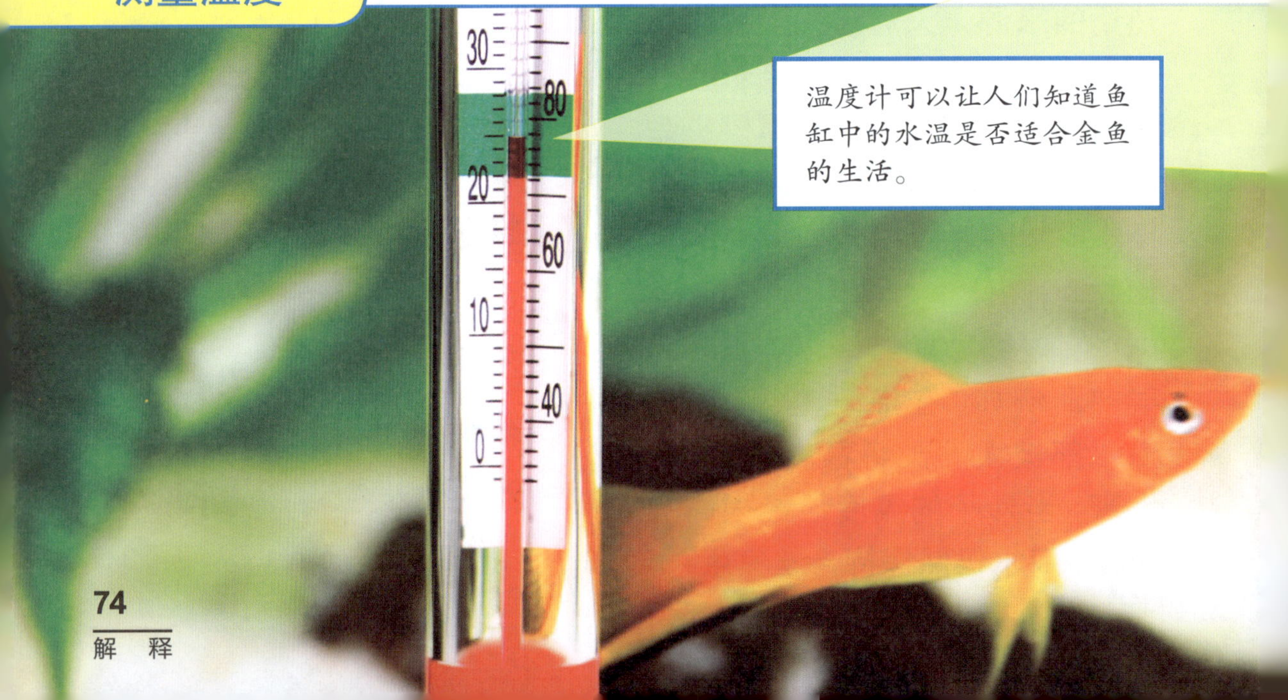

温度计可以让人们知道鱼缸中的水温是否适合金鱼的生活。

▲ 柏油马路有时会因为热胀冷缩而产生裂痕。

热胀冷缩

当热量传递到某个物体时，物体获得热能，温度也随之升高。在这个过程中它的粒子运动得越来越快，于是物体**膨胀**；当热量从物体传出时，物体会失去热能，温度下降，粒子运动变慢，于是物体**收缩**。

热胀冷缩的原理常被用来制作温度计，**温度计（thermometer）**是用于测量温度的工具。某些温度计由装有彩色液体的透明管制成。当环境温度升高时，液体便会膨胀，从而在透明管中上升；当环境温度降低时，液体便会收缩，从而在透明管中下降。

物态的变化

热量可以导致物质改变状态。冰淇淋受热会融化。液体，比如水，受热会蒸发。当热量大量传出时，水又会结冰。

快速检测

中心思想和论据 你认为热量对物体有哪些影响？

批判性思维 当冰块离开冰箱时会发生什么变化？

读 图

图中温度计上显示的温度是多少摄氏度？

线索 将红色液体的顶部与温度计上的黑色刻度对齐。

如何控制热量的流动?

有一些材料的导热性能比其他材料更优越，这也是为什么大部分的锅都是金属制品的原因。热量很容易被金属传递——热量从炉子传递到铁锅，于是整个锅变热了，因此我们说金属是热的良导体。**热的良导体（concluctor）**就是指比较容易传递热量的材料。

当你感冒时，你将自己裹在毯子里来保暖，而毯子是**热的不良导体（insulator）**。热的不良导体是指不善于传递热量的材料。羊毛、棉花和毛皮都是热的不良导体。

▲铁锅是热的良导体。

快速检测

中心思想和论据 什么是热的良导体？什么是热的不良导体？请各举一个例子。

批判性思维 为什么人们在喝热巧克力时要使用陶瓷杯？

雪是热的不良导体，所以热量不能轻易透过因纽特人冰屋的墙壁。

课后回顾

摘要

热量是从较热的物体到较冷的物体的能量流动。

温度是物体冷热的程度。

热的良导体善于传热，**热的不良导体**不善于传热。

制作 折叠式学习卡

制作折叠式学习卡来总结本课有关热量的知识。

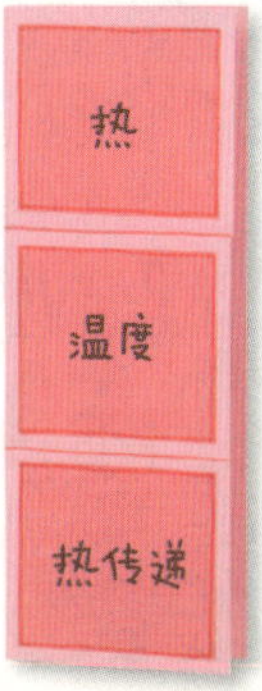

想一想，说一说，写一写

1. **词汇** 温度和热量有什么不同?

2. **中心思想和论据** 当热量传入某物体时，该物体会如何变化?

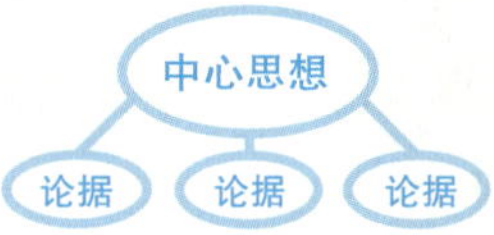

3. **批判性思维** 有时人们会在发烧的病人额头上敷湿冷的毛巾，这能让他们退烧吗?

4. **测试** 地球的大部分热量来自哪里?

   A 太阳。

   B 水。

   C 电池。

   D 电。

5. **基本问题** 如何描述热量?

数学链接

解决问题

昨天外面的气温是21°C，一夜之间气温下降了8°C。今天早上的温度是多少?

健康链接

进行研究

火是热量的来源，但是火也会带来危害。找出防火的方法，制作一本小册子来和同学们分享这些信息。

聚焦技能

探究技能：实验

通过这一课的学习，我相信你已经了解了不少关于热量的知识。正如我们在书中提到过的，热的不良导体是一种不善于传递热量的物质。那怎么才能知道某种物体是不是热的良导体呢？让我们来想一想。

▶ 学习

在做实验时，你可以进行各种测试，在测试的过程中观察并收集数据，然后解释数据以寻求问题的答案。在做实验时，重要的是一次只测试一种可能，这样有助于建立因果联系。

▶ 尝试

通过实验找出哪种材料最不善于传热？纸、塑料还是泡沫？

材 料 纸杯，塑料杯，泡沫杯，六个冰块，塑料膜，三根橡皮筋

1. 你认为哪种材料能使冰块保持最长时间不融化？纸、塑料还是泡沫？写下你的预测。
2. 在每个杯子中放入两个冰块。
3. 用塑料膜封住杯子，用橡皮筋将塑料膜固定在杯子上。
4. 将杯子放在温暖的地方。
5. 每隔 10 分钟观察一次杯子里的冰，持续一小时。记录你观察到的变化。

现在根据你的实验结果得出结论。

- 哪个杯子里的冰融化得最慢?
- 哪个杯子是最好的热的不良导体?

应用

现在，请尝试找出哪种材料是最好的热的良导体。铝、塑料还是蜡纸? 请记住，热的良导体是一种善于传热的材料。

使用三种不同类型的材料和三个纸杯重复刚才的实验。用铝箔包住第一个杯子，用塑料纸包住第二个杯子，用蜡纸包住第三个杯子。记录下观察结果。

冷藏箱是热的不良导体，它可以防止里面的食物变暖。

第 2 课
声　音

看一看，想一想

我们周围到处都是声音。在巡游活动中你会听到许多不同的声音，这些声音是怎么制造出来的？

探究活动

声音是哪里来的？

预测

看看桌上的纸、塑料尺和橡皮筋。怎样才能让这里的每一样东西都发出自己的声音？说一说你的想法。

检验

△ 小心！戴上护目镜。

1 **观察** 拿起纸的一角挥动它，会发生什么？

2 **观察** 将塑料尺放在桌子上，将其一半伸出桌子的边缘。按住桌子上塑料尺的末端，然后敲另一端，会发生什么？

3 **观察** 在盒子上绑上橡皮筋，拨动橡皮筋，会发生什么？

得出结论

4 当纸、塑料尺和橡皮筋运动时分别发生了什么？

5 **推理** 你可以让纸、塑料尺或橡皮筋不动就发出声音吗？为什么？

6 **推理** 声音是怎么发出来的？

进一步探究

拓展实验 尝试改变每个物体发出声音的方法，使声音更响亮或更柔和，更高或更低。例如，试着拉紧橡皮筋后拨动它。记录你的结果和实验步骤。

材 料

护目镜

纸

塑料尺

橡皮筋

纸板箱

读一读，学一学

基本问题
什么是声音？

词汇
振动
声音
音量
音调

阅读技能
预测

我的预测	实际发生的

什么是声音？

在日常生活中，每一天我们都能听见许许多多不同的声音。弹吉他可以发出美妙的声音，而农场里的小鸡则会发出吵闹的“叽叽喳喳”的声音。实际上，如果某样东西开始振动，那它就要开始发出声音了。**振动（vibrate）**是不断的往复运动。静止不动的物体是无法发出声音的。**声音（sound）**是一种来自振动物体的波，它具有能量。

声音如何传播？

你有没有试过把石头扔进池塘里？石头会在水中形成波浪，并向四面八方传播。声音也是以类似这样的波的形式传播的。当你拔吉他弦时，弦会振动，就能产生声波。声波在空中传播，当声波到达你的耳朵时，你就会听到声音。

当你拨动、敲击或吹一个物体时，就能发出声音。

虎鲸用声音进行交流。

声波可以通过空气传播，空气是一种气体，声波也可以通过液体或固体传播。一些海洋动物在水下通过发出声音进行交流。你能听到敲门声是因为声音通过门传播到空气中。声波必须通过物质才能传播——所以外太空是寂静无声的。

声音在不同材料中的传播速度不尽相同。它在气体中的传播速度是最慢的；在液体中，它的传播速度比在气体中要快一些；它在固体中传播的速度是最快的。

快速检测

预测 你用鼓槌敲击鼓面，会发生什么？

批判性思维 你认为你能听到外太空的声音吗？

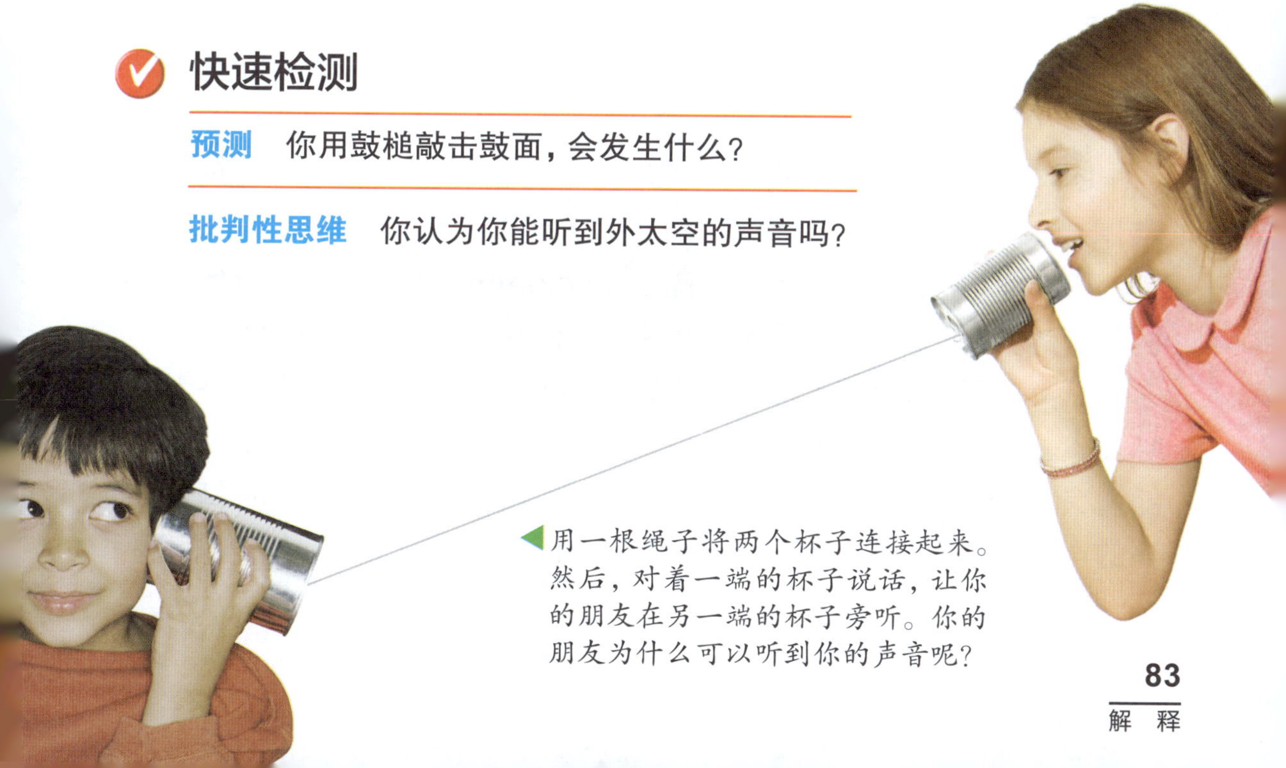

用一根绳子将两个杯子连接起来。然后，对着一端的杯子说话，让你的朋友在另一端的杯子旁听。你的朋友为什么可以听到你的声音呢？

喷气式飞机在天空中的轰鸣声比鸟儿的啁啾声要响亮得多。

声音有什么不同？

闭上眼睛听一听，你听到了什么声音？是什么让声音有所不同？

音量

声音可以有不同的音量。**音量（volume）**描述的是声音的大小。飞机飞行的轰鸣比鸟鸣声更响亮，所以我们说飞机的音量更大。

响亮的声音是由充满能量的物体振动产生的。物体振动释放的能量越多，音量就越大。用脚尖轻轻敲击地面和使劲跺脚相比，跺脚释放的能量会大得多。所以，跺脚会产生高能量的振动，你也就听到了较为响亮的声音。轻轻敲击产生低能量的振动，因此你听到的是较轻的声音。

音调

有些声音很高，例如老鼠的吱吱声；有些声音很低，比如牛蛙的呱呱声。这里的高和低指的是声音的**音调（pitch）**。快速振动的物体产生高音调，缓慢振动的物体产生低音调。

物体的长度会影响音调。你玩过木琴吗？在敲击键盘的过程中，较短的键比较长的键振动得更快。所以，键越短，振动越快，音调就越高。

物体的厚度也会影响音调。吉他的弦有细有粗，细弦比粗弦振动快，所以细弦具有更高的音调。

快速检测

预测 拉伸橡皮筋会如何改变它的音调？

批判性思维 比较自行车喇叭和汽车喇叭的声音。

迷你实验

改变声音

1. **预测** 怎样才能改变吸管发出的声音呢？
2. 将吸管的一端压平，然后如图所示，在一端剪切出个尖口。
3. **实验** 用力吹吸管的切口，描述你所听到的声音。现在，尝试让气流变得轻柔，声音是如何变化的？
4. **实验** 试着使用不同长度的吸管。记得吹吸管剪切出的那个尖口。描述你所听到的声音。不同长度的吸管所产生的声音有什么不同？

木琴可以发出高音调的声音，也可以发出低音调的声音。

你是如何听到声音的?

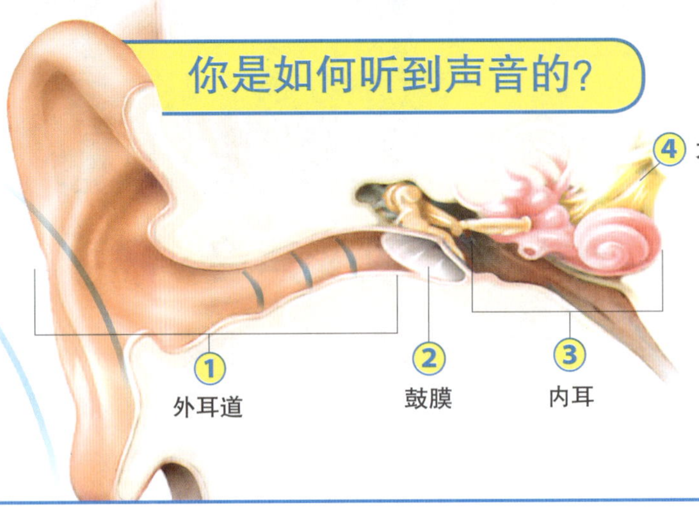

读图

声波是如何传进耳朵的?

线索 请留意图片中的数字。

我们是如何听到声音的?

当声波到达你的耳朵时会发生什么?首先,声波被外耳收集。接下来,声波使你的鼓膜振动,这会导致内耳中的三块小骨头振动。这些振动通过内耳到达神经,神经向你的大脑发送信息,你就会听到声音。

保护听力

保护听力很重要。切勿将手指或铅笔放入耳朵里,这可能会伤到耳朵内部的器官。其他物品也会伤害你的耳朵。响亮的声音可能释放过多的能量,这些能量的冲击会损坏耳朵内的器官,甚至导致失聪。

这个工人工作时必须注意保护他的听力。

快速检测

预测 如果经常听嘈杂的声音,你的听力会发生什么变化?

批判性思维 哪一种音调会让你的鼓膜振动更快?高音调还是低音调?

课后回顾

摘要

当物体振动时，就会产生声音。声音可以通过固体、液体或气体传播。

可以通过音量或音调来比较声音。

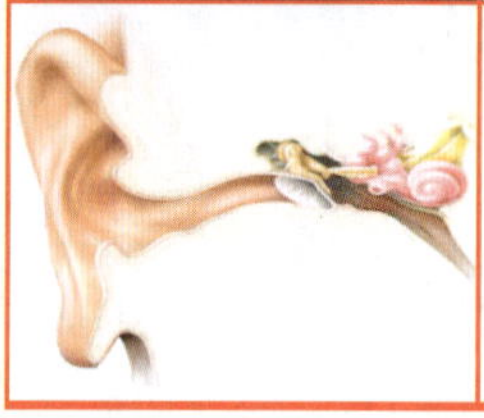

当振动到达你的耳朵时，你就会听到声音。

制作 折叠式学习卡

制作折叠式学习卡来总结本课有关声音的知识。

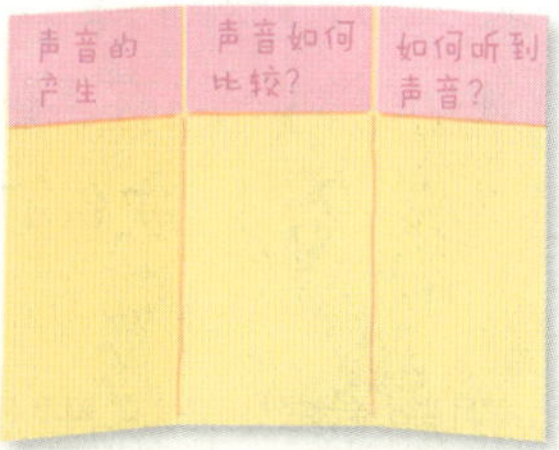

想一想，说一说，写一写

1. **词汇** 音调和音量有什么区别?
2. **预测** 轻轻敲击钹，会发出什么声音？如果重重地敲击呢?

我的预测	实际发生的

3. **批判性思维** 列出你听到的五种不同的声音。这些声音听起来怎么样？这些声音有什么不同之处?
4. **测试** 快速振动的物体会发出怎么样的声音?
   A 大音量。
   B 小音量。
   C 高音调。
   D 低音调。
5. **基本问题** 什么是声音?

写作链接

写一段说服性的文字

保护自己的听力免受噪音的伤害是很重要的。过于响亮的声音会伤害听力。了解如何保护听力，然后写一段说服性的文字告诉别人你学到了什么。

音乐链接

制作乐器

戴上护目镜，在鞋盒上绷上不同厚度的橡皮筋。弹拨橡皮筋发出声音。你打算怎么改变音调，又打算怎么改变音量?

科学探究

材　料

3 个密封袋

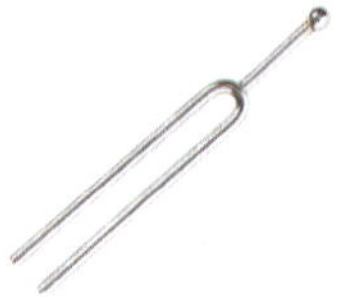

音叉

水

木块

结构化探究

声音通过不同类型的物质传播时会有什么不同?

做出假设

在前文中我们已经介绍过，声音可以通过固体、液体或气体传播。那么，物质的状态是如何影响声音的传播呢？请写下你的假设。

验证假设

1. 将密封袋装满空气并紧贴在耳朵上。
2. **实验**　把音叉的顶部在鞋底敲一下，然后拿住音叉的底部，把它的顶部贴到密封袋上。听一听，音叉发出了怎样的声音。
3. 将塑料袋装满水并紧贴在耳朵上。
4. **实验**　重复步骤 2，这次你听到的声音有什么不同？
5. 将木块放入塑料袋中，挤出尽可能多的空气并密封袋子，把袋子紧贴在耳朵上。
6. **实验**　再次重复步骤 2，这次听到的声音又有什么不同？记录下你的观察结果。

步骤 4

得出结论

7 音叉发出的声音在经过不同材料的传播之后，听起来有什么不同？

8 **解释数据** 通过哪种材料的声音听起来最响亮？

9 **推理** 固体、液体和气体，哪一种材料最适于声音的传播？

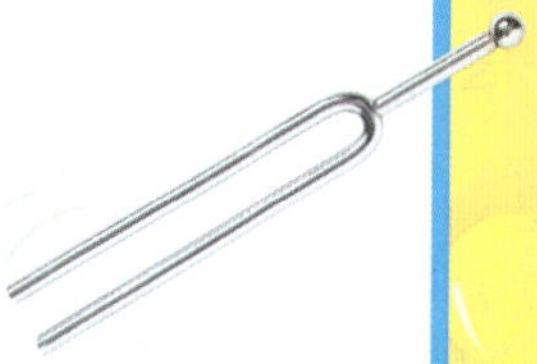

指导性探究

声音可以穿过不同的固体传播吗？

做出假设

声音同样会被不同的固体阻止、减慢或吸收。

验证假设

设计一个实验来研究声音是否可以穿过不同的固体。确定你所需要的材料，可以从塑料、木头和金属制品开始。写下你设计的实验步骤。记录实验结果和实验过程中观察到的现象。

得出结论

你的结果支持你的假设吗？为什么？

开放性探究

关于声音，你还有其他什么问题吗？例如，什么物体隔音效果最好？设计一个实验来找出答案。

请记住要遵循科学过程。

提出问题 → 做出假设 → 验证假设 → 得出结论

第3课

光

看一看，想一想

照镜子时，我们可以看到自己，这都是因为光。那么，光是如何传播的？

探究活动

光是如何运动的？

材料

镜子

手电筒

预测

当光碰到镜子时会发生什么？进行预测。

检验

1. 将一面镜子放在胸前，让小伙伴将手电筒的光照射到镜子上。
2. **观察** 手电筒的光束会发生什么变化？
3. **实验** 在墙上选一个点。你可以让光经过镜子的反射后准确地照亮那个点吗？说一说你的计划，你打算移动镜子还是移动手电筒？或者两者都必须移动？

得出结论

4. 当手电筒的光束碰到镜子时发生了什么？你移动镜子时发生了什么？移动手电筒时又发生了什么？
5. **交流** 请画一张图来说明，当手电筒的光束遇到镜子的时候发生了什么。

进一步探究

拓展实验 坐在离你的小伙伴一米远的地方，然后拿一面镜子，试着在镜子里看到你的小伙伴。你的小伙伴可以在镜子里看到你吗？你能同时在镜子里看到自己和你的小伙伴吗？

读一读，学一学

基本问题
光是如何让你看到物体的？

词汇
光
吸收
反射
不透明
影子
透明
半透明
折射

阅读技能
得出结论

文章中的线索	结论

什么是光？

我们每天的生活都离不开光。**光（light）**是一种能让你看到物体、具有能量的物质。光有许多不同的来源。太阳是地球的最主要光源，火和灯泡也属于光源。

光以直线的路径从光源中传播出去。当你打开手电筒时，你可以看到一束笔直的光。即使是太阳发出的光，也会以直线的路径穿越遥远的太空，来到你的身边。光沿直线传播，直到它撞上其他物体。

吸收

当光照射到物体时，有一部分光会被**吸收（absorb）**。黑色物体几乎能吸收所有撞击到它的光，而白色物体几乎不吸收任何光。

光沿着一条笔直的路径从这座灯塔照向远方。

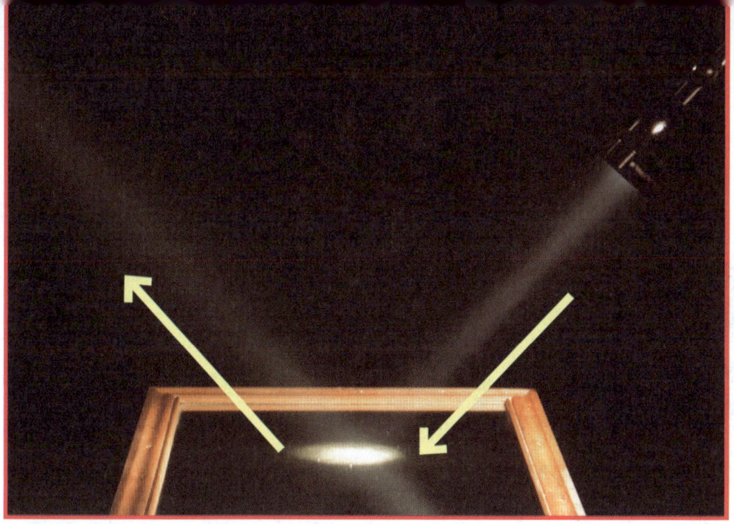

◀ 当光照射到某些物体时，它会向不同的方向反射。

反射

当光照射到某些物体时，它会被**反射（reflect）**，也就是被弹开。在这个过程中，光会改变方向，然后继续沿直线运动。

光的反射和球的反弹很类似。用力击球，它会反弹；当光照射到物体上时，它也会向不同的方向反弹。

当被物体表面反弹的光照进你的眼睛时，你会看到这个物体。大多数物体都不发光。你所看到的是被它们的表面反射的光。

镜子表面非常光滑，它反射了几乎所有照射到它的光。▼

快速检测

得出结论 镜子是怎么让你看到身后的东西的？

批判性思维 你有可能在黑暗中看到东西吗？为什么？

▲当太阳落在树后面时，树前会形成一个影子。

当光照射到不同物体时会发生什么？

怎样才能在下雨天保持干燥？你需要一把雨伞，雨伞会阻挡雨水，使雨水无法淋在你身上。**不透明（opaque）**物体的作用有点像雨伞——它阻挡光，不允许光穿过它。一堵砖墙、一块硬纸板，甚至你的身体都是不透明的。你无法通过不透明的物体看到东西。

不透明的物体会形成影子，**影子（shadow）**是光被阻挡时形成的暗区。在白天的阳光下，你可以看到自己的影子——你的身体阻挡了阳光，形成了与你身体形状相似的影子。

影子的大小取决于光源的位置。物体离光源越近，它的影子就越大。来自正上方的光会产生短小的影子，光源位置越低，影子越长。

你的影子随处可见，你的影子看起来像你。

并非所有物体都是不透明的，光也可以穿过一些物体。**透明（transparent）**物体能让光直接穿过它，空气、玻璃和透明塑料都是透明物体。你可以清楚地看穿这些物体，因为它们能让光穿过。

还有一些物体是半透明的。**半透明（translucent）**物体让光穿过它，但它也会散射光。因此，你无法通过半透明物体看得很清楚。磨砂纸和磨砂玻璃是半透明的。

折射

当光从一种物质进入另一种物质传播时，会发生**折射（refract）**，折射意味着弯曲。看看右下角铅笔的照片，铅笔断了吗？没有，它只是看起来像断了一样。当光从空气传播到水中时，光会折射，然后被铅笔表面反射出来。当光从水中回到空气时，会再次发生折射。弯曲的光使铅笔看起来像断了一样。

▲ 折射的光使这支铅笔看起来像断了一样。

快速检测

得出结论 要想得到影子需要满足哪三个条件？

批判性思维 为什么阳光能透过窗户而不能透过墙壁？

▲当光通过棱镜时，它会被分解成不同的颜色。

你为什么能看到颜色？

太阳光是什么颜色的？你可能会说黄色的或白色的。实际上，它是多种颜色的混合物。白光，如阳光，是由各种颜色的光混合组成的。我们可以借助棱镜来证明这一点。**棱镜**是一块可以折射光的玻璃，它可以将白光分解成不同的颜色。不同颜色的光透过棱镜所产生的折射效果是不一样的。

当白光照射到有色物体上时，某些颜色的光会被吸收，其他颜色的光则会被反射。反射光进入你的眼睛，你就会将此反射光的颜色视为物体的颜色。

天空中的水蒸气就像微小的棱镜一样。当水蒸气折射阳光时，会形成彩虹。

真相 **白光由各种颜色的光组成。**

当白光照射到绿叶上时，叶子会吸收除绿色外的所有颜色，只有绿光从叶子上反射出来。这种颜色会反射到你的眼睛，所以你看到叶子是绿色的。当光照射到红色的花朵上时，会发生一些不同的事情，现在绿光被吸收了，实际上除红色外所有颜色的光都被吸收了，只有红光会反射到你的眼睛，所以你看到花是红色的。吸收掉所有光的物体看起来是黑色的，反射所有光的物体看起来是白色的。

快速检测

得出结论 来自太阳的光是由什么颜色组成的？

批判性思维 为什么香蕉看起来是黄色的？

迷你实验

混色游戏

1. **预测** 下图中的男孩如果转动碟子，会出现什么现象？
2. 将白纸盘分成八个相等的部分，每块区域涂上不同的颜色。
3. **观察** 小心地将铅笔插进纸盘的中心，旋转纸盘。当纸盘旋转时会看到什么颜色？

看到颜色

读 图

为什么叶子看起来是绿色的？

线索 它反射什么颜色的光？

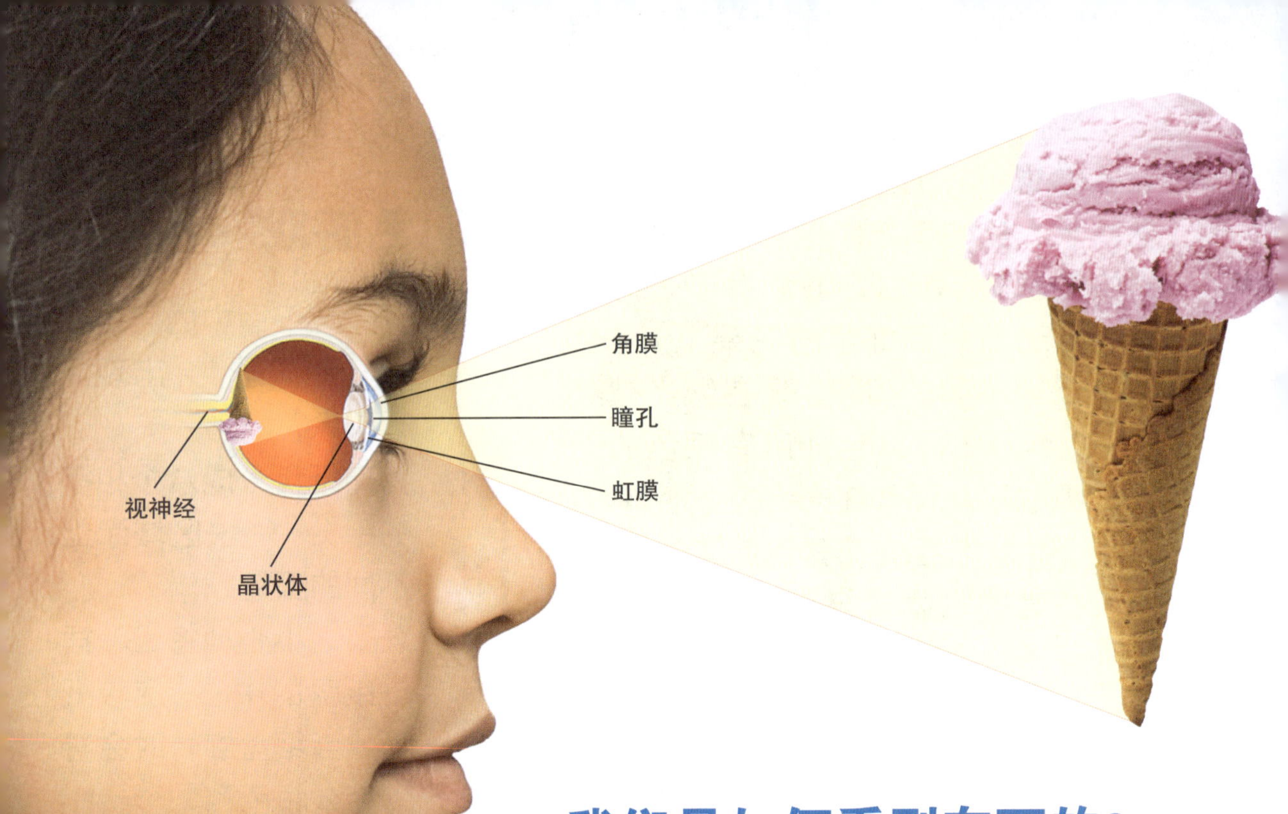

▲当反射光进入她的眼睛时，这个女孩可以看到冰淇淋蛋筒。

我们是如何看到东西的?

当光到达你的眼睛时会发生什么？首先，光在进入角膜时会被折射。然后，光穿过瞳孔。瞳孔是每只眼睛中心的小圆孔，它控制着进入眼睛的光线量。接下来，光穿过晶状体。晶状体也会折射光，使其射到眼球后部。视神经将有关光的信息发送给大脑，然后大脑使用该信息来成像。

快速检测

得出结论 反射光如何让你看到这一页？

批判性思维 瞳孔的大小会如何变化？

课后回顾

摘要

	光沿**直线传播**，物体可以反射或吸收光。
	白光由许多不同颜色的光组成。你所看到的物体的颜色是它反射的光的颜色。
	当光进入你的眼睛时，你会看到图像。

制作 **折叠式学习卡**

制作折叠式学习卡来总结本课关于光的知识。

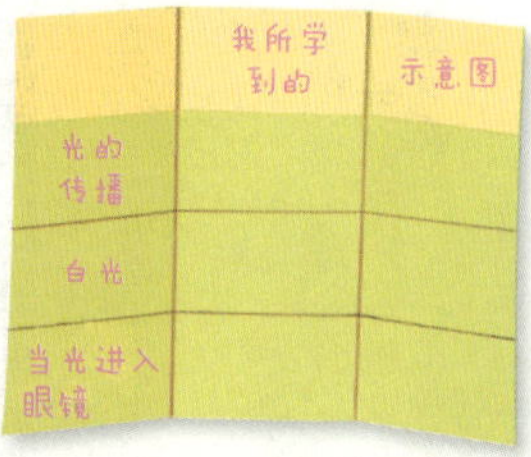

想一想，说一说，写一写

1. **词汇** 当光被折射时会发生什么？

2. **得出结论** 为什么校车是黄色的，消防车是红色的呢？

文章中的线索	结论

3. **批判性思维** 你该怎么让小弹珠的影子看起来像网球的影子？

4. **测试** 铝箔属于下列哪种情况？
   A 半透明的。
   B 影子。
   C 透明的。
   D 不透明的。

5. **基本问题** 光是如何让你看到物体的？

写作链接

写一段介绍文字

了解如何保护皮肤免受太阳光的伤害，找出为什么穿白色衣服和使用防晒霜可以帮助你抵抗太阳光的伤害，把你的调查结果写下来。

艺术链接

影子木偶戏

用手和手电筒制造影子，尝试制作不同形状的影子。将手移近或远离光源，影子会发生什么变化？

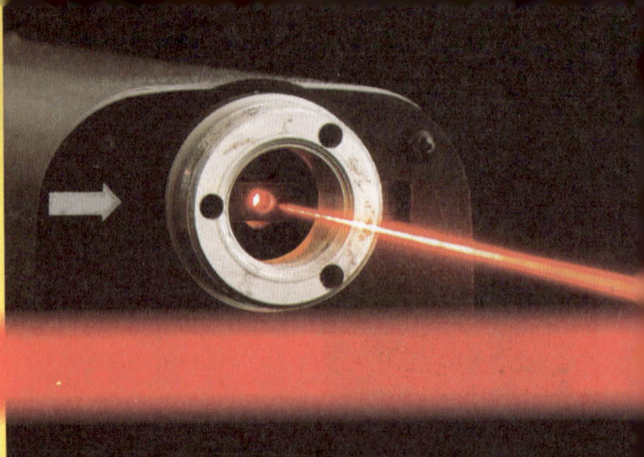

激光会产生一束很窄的光。

一束光

外科医生特指通过手术治疗疾病的医生。他们之前一直使用手术刀——带有锋利刀片的特殊工具来切割人体的皮肤、肌肉和器官。但是，现在的外科医生可以选择另一种工具来进行手术——这个工具就是一束光！

这束光被称为激光。激光能力非常强，它可以切开人体而不会造成大量出血。

激光最早用于去除儿童皮肤上的胎记，现在外科医生也使用激光来治疗大脑、心脏和身体其他部位的疾病。激光也可以用于改善人们的视力。

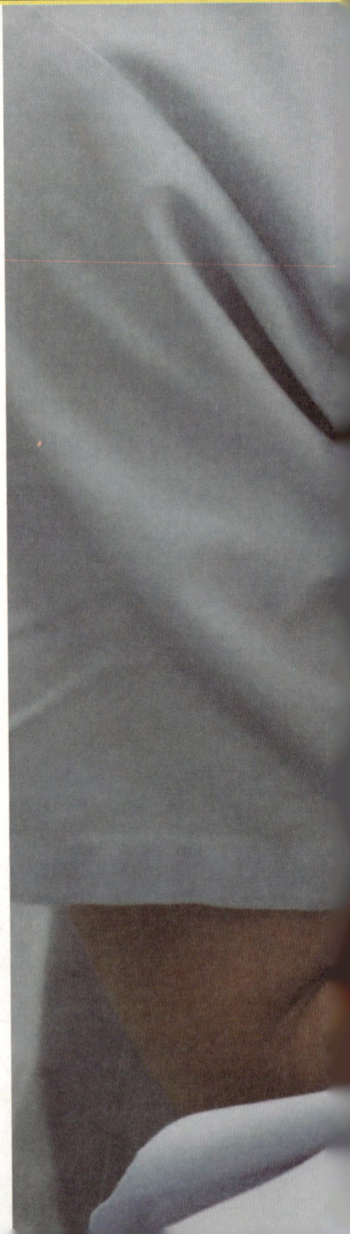

写作

总结 再次阅读上面的文字，用图表组织整理其中重要的信息，然后根据图表来写一段摘要。

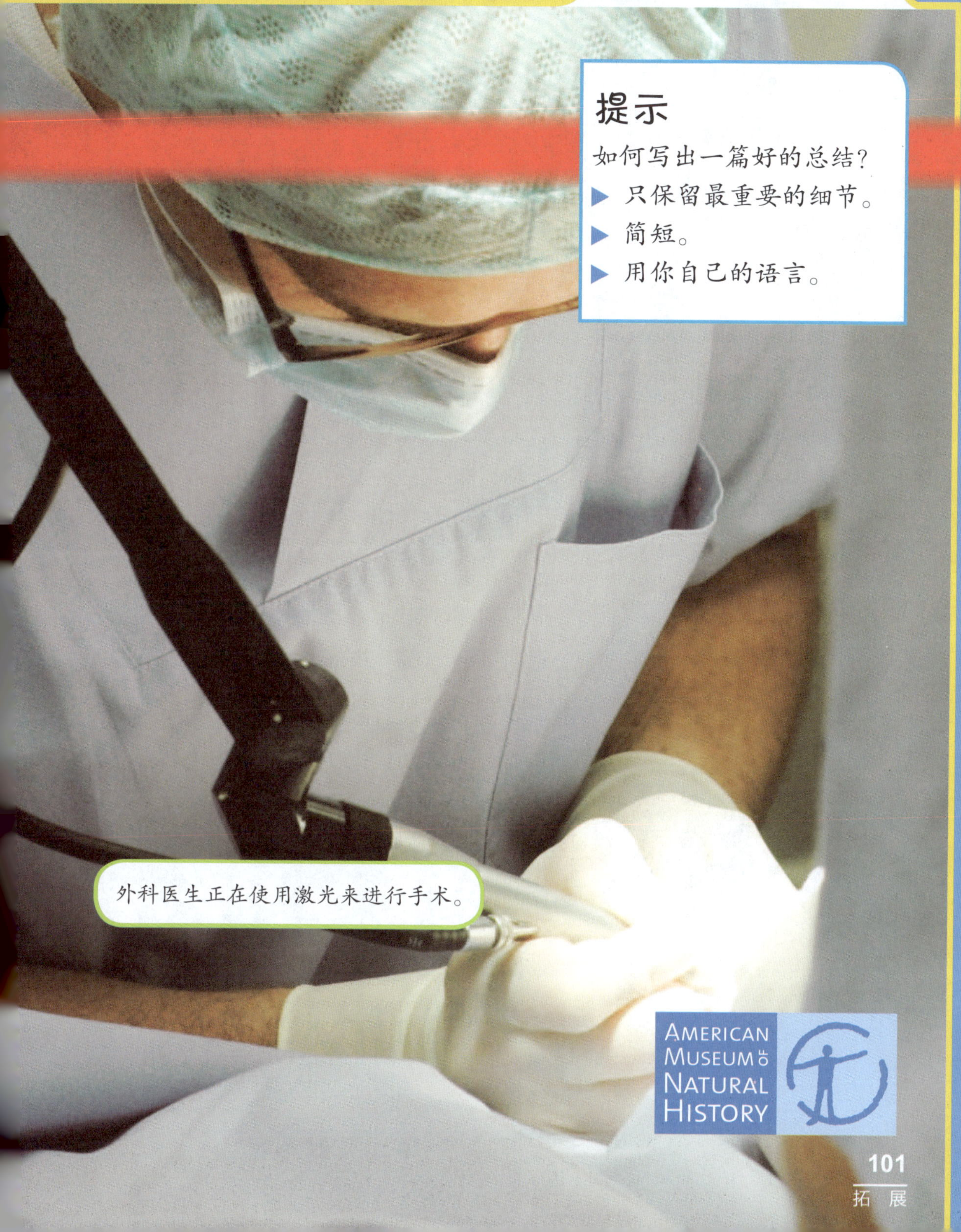

提示

如何写出一篇好的总结？

- 只保留最重要的细节。
- 简短。
- 用你自己的语言。

外科医生正在使用激光来进行手术。

第 4 课

电

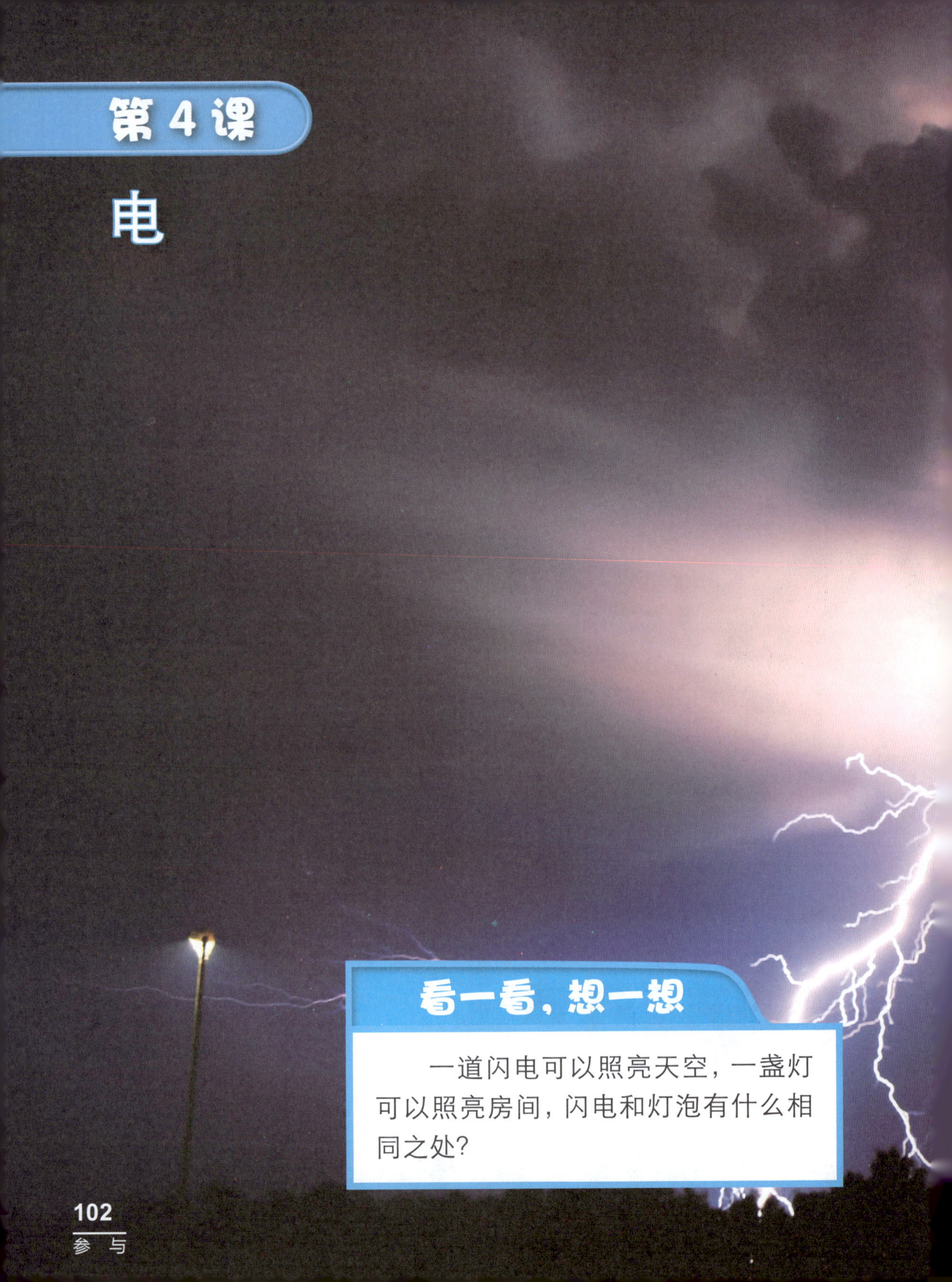

看一看，想一想

一道闪电可以照亮天空，一盏灯可以照亮房间，闪电和灯泡有什么相同之处？

探究活动

是什么让灯泡发光?

预测

应该如何连接电池、电线和灯泡，才能点亮灯泡？请做出你的预测。

检验

1. **实验** 尝试连接灯泡、电线和电池，以点亮灯泡。
2. **交流** 画出你每一次尝试的连接方式并记录下你的结果。
3. **交流** 和同学交流你们成功点亮灯泡时的连接方式，看一看你们的设计是否相同？是否存在不止一种连接方式可以点亮灯泡？

得出结论

4. 你们一共想出了多少种连接方式来点亮灯泡？
5. **推理** 分析点亮灯泡的连接方式，你认为需要什么条件才能使灯泡亮起来？

进一步探究

拓展实验 你如何用一个电池点亮两个灯泡？你能想到不止一种方法吗？试试吧。

材 料

电池

一根 20 厘米的绝缘电线

灯泡

步骤 1

步骤 2

会亮吗?

读一读，学一学

基本问题

我们应该如何利用电能?

词汇

电荷

静电

电流

电路

开关

阅读技能

排序

首先 → 其次 → 最后

什么是电荷?

开门时，当你的手触碰到金属门把手时，曾经被静电电过吗? 这是怎么回事? 实际上，这个现象的原理和灯泡的发光，或者雷雨天的闪电是一样的——这些都是电荷作用的结果。

所有的电现象都是电荷作用的结果。像体积、质量一样，**电荷 (electrical charge)** 也是物质的属性之一。虽然你看不到电荷，但是，你可以了解具有不同电荷的物体是如何相互作用的。

电荷有两种类型，一种被称为正电荷，另一种被称为负电荷。带正电荷的物体会吸引带负电荷的物体，而带正电荷的物体之间会相互排斥，带负电荷的物体之间也会相互排斥。

◀ 当你触摸门把手时，静电会让你感觉触电了。

静电

所有物体都由带电粒子组成。大多数物体具有等量的负电荷和正电荷，所以它们的电荷是平衡的。但是，当两个物体接触时，负电荷可以从一个物体转移到另一个物体上。负电荷在一个物体上积聚，则称该物体带负电荷。电荷的积累被称为**静电（static electricity）**。

在毛衣上摩擦气球，然后把气球拿到靠近墙壁的位置，气球会吸在墙上！摩擦气球时，负电荷会从毛衣转移到气球上。气球得到负电荷，它排斥墙壁中的负电荷并吸引正电荷，于是它就被吸在墙上了。

当你触碰到金属门把手时，静电有时会让你感觉触电了。当你走过地板时，负电荷会从地板转移到你的身体上，于是你带上了负电荷。当你触碰到门把手时，负电荷会从你身上转移到门把手上，于是你觉得自己好像触电了一样。静电从一个物体转移到另一个物体的过程被称为*放电*。

▲这个气球带负电荷。它吸引墙壁中的正电荷（＋）并排斥负电荷（－）。这导致它被吸在墙上。

快速检测

排序 用羊毛摩擦气球会发生什么？

批判性思维 为什么衣服从烘干机拿出来时可能会粘在一起？

什么是电流？

带电粒子既可以积聚在物体上，也可以流动。带电粒子的定向流动称为**电流（electric current）**。我们每天都要用到电流——电流为灯、手机、计算机、吹风机和许多其他产品提供所需的能量。我们使用来自电流的能量来产生热、光、声音和运动。

▲烤面包机将电能转化为热能。

耳机将电能转化为声能。▶

电路

电流需要通过一条路径来流动，**电路（circuit）**是由允许电流流动的部件组成的路径。如右图所示，电线将灯泡连接到电池，电池是电路中的电源。

为了保持电流的流动，电路中不能有任何中断。一个完整的电路，如右上图所示，称为**回路**；具有断口或开口的电路称为**断路**，如右下图所示。

开关

你可以使用开关打开或关闭电路，也就是说，你通过开关来控制电流。当**开关（switch）**处于闭合状态时，路径中没有中断，电路闭合，电流可以流动；断开开关，路径上有断口，电路无法闭合，电流不流动。

电　路

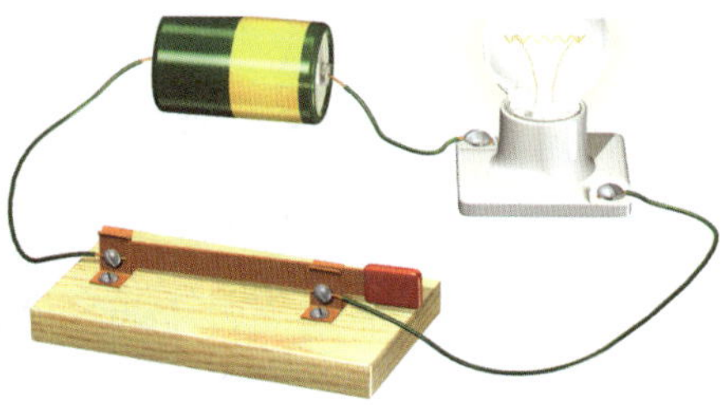

当开关闭合时，电流流动，灯泡亮了。

当开关断开时，电流不流动，灯泡不亮。

读　图

为什么断路图中的灯泡不亮？

线索　仔细检查图中的电路是否已经形成回路。

快速检测

排序　断开电路上的开关会发生什么？

批判性思维　你在家中的什么地方可以找到电路？

真相　**电流通过灯泡流回电池。**

迷你实验

导体和绝缘体

1. 将电池放入电池座中，将电线连接到电池座的两侧。
2. 将其中一根电线的自由端连接到一个有灯泡的插座上，然后将第三根电线也连接到灯泡插座上，如下图所示。

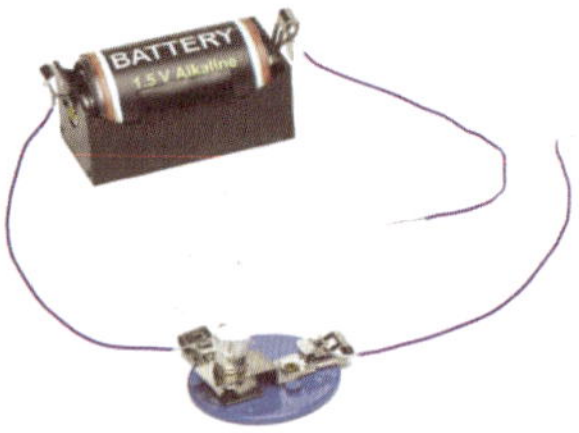

3. **实验** 收集物体，例如蜡笔、回形针，将它们依次通过自由端接入电路。
4. **观察** 哪些物体接入电路时，灯泡会发光？记录下你的实验结果。
5. **推理** 哪些物体是导体？哪些物体是绝缘体？

什么是导体？什么是绝缘体？

家中的电流通常通过电线流动，这些电线一般由铜制成，外面包裹着塑料。铜是一种电流非常容易流过的材料。易于电流流动的材料称为导体，大多数金属都是导体。

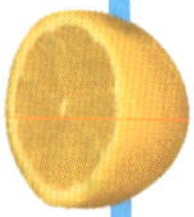

铜线的外面需要包裹一层塑料，这是利用塑料绝缘体的特性来保障安全。绝缘体是一种不允许电流轻易流过的材料。电线上的塑料外层不会让电轻易通过，这可以保护你在接触电线的时候不会触电。玻璃、塑料和橡胶都是很好的绝缘体。

快速检测

排序 电流到达绝缘体处时会发生什么？

批判性思维 为什么电路中的电线通常由铜制成？

铜是导体，每根电线周围的塑料都是绝缘体。▶

课后回顾

摘要

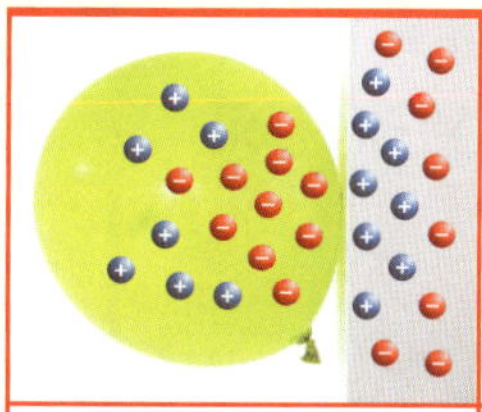	电荷的积累被称为**静电**。
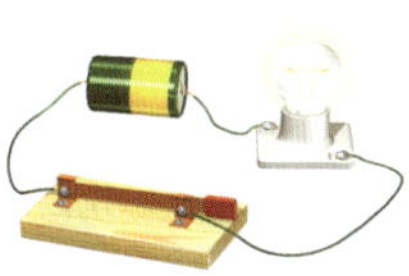	**电流**在电路中流动，开关可以控制电流。
	**导体**易于电流流过，**绝缘体**则不允许电流流过。

制作 折叠式学习卡

制作折叠式学习卡来总结本课有关电的知识。

想一想，说一说，写一写

1. **词汇** 什么是电路？
2. **排序** 在什么情况下触碰到门把手会带来轻微的触电感？

   首先 → 其次 → 最后

3. **批判性思维** 打开手电筒的开关，灯泡并没有亮。请列出手电筒可能出现的故障。
4. **测试** 下列哪种设备能将电能转化为动能？

   A 烤箱。

   B 纸飞机。

   C 手电筒。

   D 电动火车。

5. **基本问题** 我们应该如何利用电能？

写作链接

写一篇说明文

为什么说借助电能可以让我们的生活更方便？想象一下，如果没有电，我们的生活会有怎样的改变？

健康链接

制作海报

如果使用不当，电器设备可能会有危险。研究如何安全用电并以这个主题制作一张宣传海报。

其他能源

我们用来发电的大部分能源来自石油、煤炭或天然气，而地球上这些能源的储量是有限的，它们很难再生。但是，地球上还有其他可以在短时间内再次产生的能源：风车可以收集来自风的能量；太阳能电池板可以收集来自太阳的能量……你觉得这些可再生的能源很重要吗？你觉得可以通过哪些方式来鼓励人们多使用可再生的能源？

这些风车利用风能发电。

提示

一篇有说服力的议论文应该具备什么？

- 明确表达观点。
- 以事实支持观点。
- 说服读者同意这种观点。

▲ 这些太阳能电池板利用太阳能发电。

写作

议论文 写一封有说服力的信给一位朋友，告诉他你为什么认为找到其他能源是十分重要的。请务必遵循正式信函的格式。

使用能源的成本

下表展示了一年内多台设备的能源使用情况。表格中，以千瓦时作为能源的单位，假设每千瓦时花费 10 美分（0.1 美元）。请用乘法计算使用这些设备一年的成本。

提示

- 小数的乘法和整数的乘法非常类似。先将两个需要相乘的数的数字部分，按照整数乘法相乘。
- 然后，计算小数位数。根据位数把小数点向左移动到相应的地方。

86×0.10（小数点后2位）

$86 \times 10 = 860$

（小数点后2位8.60）

$86 \times 0.10 = 8.60$

实践

填表，并回答以下问题。

- DVD播放器一年需要使用24千瓦时的能量。如果每千瓦时花费0.10美元，那么使用DVD播放器一年的成本是多少？
- 如果你每周节省0.50美元，你会在一年内（设为52周）节省多少钱？

设备	能源年使用量（单位：千瓦时）	成本（单位：美元/千瓦时）	年度总成本（单位：美元）
收音机	86	0.10	8.60
冰箱	2088	0.10	208.80
烤面包机	50	0.10	____
电话机	32	0.10	____
电视机	238	0.10	23.80
洗衣机	108	0.10	10.80

第2章 复习和测试

摘要

第 1 课　热以多种方式影响物质。热总是从较热的物体传递到较冷的物体。

第 2 课　当物体振动时会发出声音。音量或音调可用于比较声音。

第 3 课　光是一种能量，可以让你看到物体。光沿直线传播。

第 4 课　带电粒子的定向流动称为电流。电路是电流流动的路径。

制作 **折叠式学习卡**

如下图所示，结合本章制作的折叠式学习卡来复习本章内容。

词　汇

DOK 1

用下列词语填空。

反射　　电流
影子　　热量
声音　　热的不良导体
温度　　光
振动　　电路

1. 当光被物体阻挡时，物体背光的区域就会形成________。
2. 由导线、电源等组成的导电回路被称为________。
3. 能让你看见物体的能量是________。
4. 当吉他弦振动时，会产生________。
5. 当光照射到物体上时，物体会________、折射或吸收光。
6. 从较热的物体流向较冷的物体的能量叫作________。
7. 当物体不断地往复运动时，它在________。
8. 不善于传递热量的材料是________。
9. 带电粒子的定向流动形成________。
10. 温度计用于测量________。

科学技能和科学概念

DOK 2-3

回答下列问题。

11. 总结　当电路中的开关处于闭合状态时，会发生什么？开关断开时，又会发生什么？

12. 写作　你最喜欢的音乐是什么？写一段话解释你为什么喜欢它，在文章中要包含音量和音调两个术语。

13. 实验　用黑纸包住一支温度计，用白纸包住另一支温度计。将它们放在温暖的地方 15 分钟后，读取两支温度计的度数。哪种颜色包住的温度计升温更快，黑色还是白色？为什么？

14. 批判性思维　假如你在书中看到一张图片，然后，你在计算机屏幕上看到相同的图片。让你看到这两张图片的光源一样吗？

15. 批判性思维　魔术师说他可以“弯曲”魔杖，他将魔杖浸入一杯水中。魔杖似乎“弯曲”了。解释这个魔术是什么原理。

16. 你认为这个锅是由什么材料制成的？为什么？

17. 判断正误　声音在固体（比如金属）中的传播速度是最快的。这个陈述是真是假？解释一下。

18. 判断正误　热量总是从较冷的物体流向较热的物体。这个陈述是对是错？为什么？

19. 灯和太阳有什么相同之处？
   A　两者都发出太阳光。
   B　两者都能发电。
   C　两者都能反射光。
   D　两者都是热源和光源。

大概念

20. 能量的主要形式有哪些？它们各有什么特点？

表现性评价

DOK 3

能量的转化

许多机器都通过转化电能来工作。例如，烤面包机可以将电能转化为热能。其他机器如何转化电能？

- 列出六种通过转化电能工作的机器。
- 描述能量是如何变化的。
- 生物如何将能量从一种形式转化为另一种形式？举两个例子。

测 试

1 下图中所展示的物品哪一种释放出了最多的能量？

DOK 1

A 太阳。

B 月亮。

C 海滩。

D 海洋。

2 如何判断一种物质是否是热的良导体？

DOK 2

A 测量当它接触较热物体时，被加热所需的时间。

B 测量它可以被冷却到的最低温度和可以被加热到的最高温度。

C 加热它，看它是沸腾还是融化。

D 把它冷冻然后测量它的温度。

3 所有的声音都源于什么运动？

DOK 1

A 旋转。

B 转移。

C 弯曲。

D 振动。

4 声音在下列哪种材料中传播速度最慢？

DOK1

A 电线。

B 空气。

C 玻璃。

D 水。

5 用橡胶锤以相同的力量敲击两个不同的音叉，发出的声音最有可能会有什么不同？

DOK 2

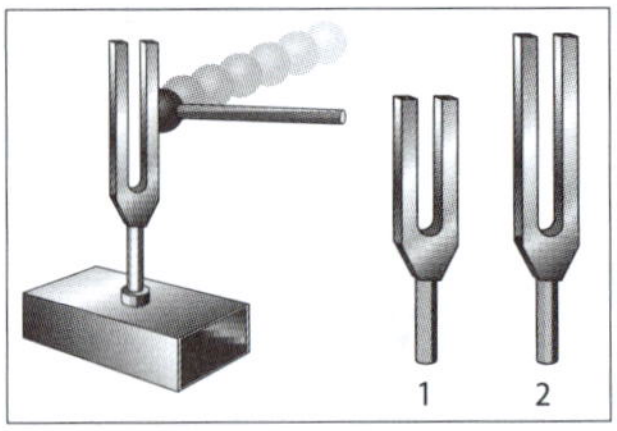

A 它们的音调会有所不同。

B 它们的音量会有所不同。

C 它们的能量会有所不同。

D 它们的响度会有所不同。

6 当手电筒的光束射到镜子的时候，会发生什么？

DOK 1

A 光被折射了。
B 光被反射了。
C 光被吸收了。
D 光不受影响。

7 如果用羊毛摩擦两个气球，它们会怎么样？

DOK 2

A 相互吸引。
B 无影响。
C 相互排斥。
D 爆炸。

8 小李制作了如下图所示的电路，他还需要哪个部件才能使电路正常工作？

DOK 1

A 另一个灯泡。
B 另一节电池。
C 一个开关。
D 另一根电线。

9 莉莉加热了一盆水，她将等量的水倒入四个不同的杯子里。30分钟后，她测量每个杯子中的水温。哪个杯子是最好的热的不良导体？

DOK 2

杯子	温度（单位：℃）
1	22
2	36
3	26
4	33

A 杯子1。
B 杯子2。
C 杯子3。
D 杯子4。

10 彩虹是怎么形成的？

DOK 1

检 查

问题	对应页码	问题	对应页码
1	72～73	6	92～95
2	76	7	104～105
3	82	8	103，107
4	83	9	76，78～79
5	84～85	10	96～97

灯光师

你看过电影颁奖典礼吗？如果看过，你可能听过演员感谢电影摄制组的成员，而电影摄制组的一个重要人物就是首席灯光师。

首席灯光师为电影场景设计灯光照明效果。灯光必须营造出与场景动作相匹配的氛围。灯光师针对不同的场景使用不同的灯光组合，灯光师还会改变光源的位置以渲染不同的情绪。

要成为首席灯光师，你需要了解光能和电能，你也应该有戏剧或电影制作方面的经验。许多首席灯光师从照明工作人员开始他们的职业生涯。

▲ 这个灯光师正在为一部电影打光。

▲ 灯光师需要了解光能和电能。

更多相关职业

- 电工
- 工程师
- 建筑师
- 汽车设计师

《科学启蒙（第二版）》版权声明

科学启蒙（第二版） 力和能量 ③

McGraw-Hill Education
Science A Closer Look
Forces and Energy
978-0-02-135613-3

图书在版编目（CIP）数据

科学启蒙 : 第二版. 力和能量. ③ / (美) 杰伊·哈克特等著 ; 张俊等译. -- 杭州 : 浙江教育出版社, 2019.12(2021.4重印)
ISBN 978-7-5536-9621-8

Ⅰ. ①科… Ⅱ. ①杰… ②张… Ⅲ. ①科学知识一少年读物②物理学一少年读物 Ⅳ. ①Z228.1②04-49

中国版本图书馆CIP数据核字(2019)第274266号

科学启蒙（第二版）
KEXUE QIMENG (DI ER BAN)
力和能量 ③
LI HE NENGLIANG 3

出版发行 浙江教育出版社（杭州市天目山路40号 电话：0571-85170300-80928）
原 著 名 SCIENCE A CLOSER LOOK
FORCES AND ENERGY
翻　　译 张　俊　邓小耶　廖曼江
审　　定 郝京华
图片来源 海洛创意
责任编辑 徐荆舒
封面设计 韩　波
责任校对 何　理
责任印务 沈久凌

图文制作 杭州兴邦电子印务有限公司
印　　刷 杭州富春印务有限公司
开　　本 787mm×960mm 1/16
印　　张 8
字　　数 160 000
版　　次 2019年12月第1版
印　　次 2021年4月第3次印刷
标准书号 ISBN 978-7-5536-9621-8
定　　价 29.00元